Hugo's Simplified System

ROB CAMPBELL
4C, FOREST ROAD
TOWNHILL DUNFERMLINE
FIFE KY120ES

# El inglés simplificado

D0183530

Hugo's Language Books Ltd, London

© 1988 Saxon Menné
Published by Hugo's Language Books Ltd
All rights reserved
ISBN 0 85285 119 7

Written by

**Saxon Menné**

Spanish translation by
Lourdes Reece

Set in 9/11pt Times by
Typesetters Limited, Stanstead Abbotts, Herts
Printed and bound in Great Britain by
Anchor Brendon Ltd, Tiptree, Essex

# Tabla de materias

4

# Introducción

De modo que ha decidido aprender inglés, muy bién. Y espera dominarlo mañana mismo, o quizás la semana que viene. Está dispuesto a dedicar un rato cada día, mucho mejor. Con un rato cada día, un poco de esfuerzo mientrás tanto y si trabaja con regularidad cada día, trás unas semanas tendrá una buena noción de como funciona el inglés moderno. Podrá decir 'Si, hablo inglés, no muy bién, pero...'

Al ser español tiene yá una ventaja. Muchas palabras en inglés proceden del Latín, y puede encontrarse con palabras como 'coherente' y 'bienal', no tendrá mucho problema: los equivalentes en inglés son **coherent** y **biennial**. Como vé, ya sabe algunas palabras de inglés sin darse cuenta.

Este curso tiene doce lecciones, que corresponden a doce semanas. Cada lección tiene doce páginas. Estudie dos páginas cada día.

Cada sección de dos páginas esta pensada para que le dé tiempo a estudiarla en un día. El tiempo que tarde en aprenderla depende de Vd., lo buen estudiante que sea, y lo díficil que se le presente. La mayoría encuentran que estudiando entre 30 y 60 minutos es suficiente para aprender dos páginas nuevas. (No cometa el error de pensar que 'en este caso si estudio durante dos horas, aprenderé el doble; y si lo hago durante cuatro, el cuadruple').

Con dos páginas cada día aprenderá una lección en seis días y, de esta forma, las doce lecciones en doce semanas.

Es muy probable que disponga de menos de doce semanas. En este caso, estudie dos páginas cada día (14 páginas cada semana) durante el tiempo a su disposición. Las primeras lecciones tratan de las estructuras más simples, y es mas importante aprender éstas bién, que tratar de tragarse todo el curso sin digerirlo. Siempre puede continuar mas tarde.

Si ya tiene algunos conocimientos de inglés del colegio, puede ir más deprisa en algunas secciones, pero piense lo que hace. En general debe resistir la tentación de ir demasiado aprisa, incluso cuando encuentre algo fácil. Lo que en realidad debe hacer es familiarizarse con las frases y palabras. Esto quiere decir que debe estudiarlas cuando las vea por primera vez, pero también dése tiempo, días o semanas, mientras que las va viendo a menudo. No se va a hacer ningún favor por tratar de acortar el tiempo.

Puede que esté pensando ¿cómo demonios puedo pasar treinta minutos o una hora leyendo una o dos páginas sin aburrirme?. Aquí tiene unas cuantas sugerencias para cuando le falten ideas:

* Tape algunas partes de la página, para memorizar algunas palabras, o incluso cierre el libro y trate de reconstruir la frase de memoria.

* Donde haya un ejercicio de traducción, use el diccionario de respuestas en la contracubierta para traducir en dirección contraria.

* Anote las palabras y frases que quiere aprender (diez o doce cada día es un buen número – pero mejor que sean seis bien aprendidas que doce a medias). Anote su lista diaria de palabras y léala, por ejemplo, antes de irse a la cama. Las secciones de dos páginas tienen mas de doce palabras nuevas en éllas, así tendrá donde escojer.

* Practique únicamente leer en alto las frases. Leer en alto es un arte físico en si mismo. Se adquiere práctica practicando. Hablar en inglés no es natural para las mandíbulas, lenguas y gargantas españolas. Tiene que entrenar sus músculos en la co-ordinación física. Cinco o diez minutos cada día pueden hacer toda la diferencia. Después de todo ¿que diría a alguien que quiera aprender a montar en bicicleta o a nadar? No diría 'Lea un libro'. Lea frases en alto; despacio, después deprisa, después mas alto, después mas bajo, después mas despacio, después mas deprisa, simplemente como ejercicio físico.

* Reparta su estudio diario en dos o tres secciones; por ejemplo veinte minutos durante la mañana, y veinte por la tarde para mantener todo fresco.

* Componga sus propios ejemplos, frases y conversaciones, trate de cimentar nuevas frases en su mente.

* Vuelva hacia atrás a páginas anteriores para tomarse un descanso, en vez de seguir adelante.

Si encuentra algo difícil de aprender, trate de mirarlo desde otro ángulo. Por ejemplo, si encuentra un punto gramatical difícil de comprender, use los ejemplos para practicar la pronunciación, o pruebe a memorizar el vocabulario en los ejemplos.

No se preocupe si no comprende un punto gramatical, o un párrafo de uso normal. Tome nota de volver a éllo después de algunas lecciones. Para entonces habrá aprendido otros ejemplos y todo tendrá mas sentido.

En cuanto al resto, ya sabe como aprenderlo. Es una cuestión de cuanto tiempo le dedica, y cuanto se concentra en estudiarlo.

Hay una gran descripción de la pronunciación en inglés (aunque no mas de lo necesario). La mayor parte, trás las primeras secciones no le harán mucho sentido, hasta que haya aprendido algo de inglés. Vaya poco a poco después que haya aprendido las primeras lecciones.

# Pronunciación

## Consonantes

### Consonantes mudas y sonóras

Las letras **th** tienen dos sonidos en inglés. El primero es parecido a la 'z', 'ce' o 'ci' en español, por ejemplo en 'zapato', 'cerilla' o 'cien'. Este sonido se produce poniendo la lengua entre los dientes. El segundo sonido es parecido a la 'd' en 'madre', lo cual se produce poniendo la lengua detras de los dientes superiores. La mayoría de las consonantes van en parejas, como éstas, una sonora y otra muda. Piense en 'k' y 'g' (la 'k' es suave pero la 'g' es más fuerte), o 't' y 'd'. Debe tener esto en cuenta mientras estudie las reglas de pronunciación en inglés.

### Sonidos difíciles

La mayoría de los sonidos en inglés son iguales que en español. Estos a continuación pueden causar algunos problemas.

**h Hello** La mayoría de españoles se contentan con imitar este sonido con la 'j' cuando ven una **h** en inglés. Esto es lo menos atractivo de la pronunciación española a los oidos ingleses. No debe haber tanta fricción en la garganta. Debe sonar como un perro jadeante, con la lengua plana. En algunas palabras la **h** no se pronuncia en absoluto: **hour** ('hora'); **honest** ('honrado'). Generalmente se pronunica aspirando ligeramente. (En algunos dialectos, principalmente los que se hablan en algunos suburbios de Londres, la **h** nunca se pronuncia. Le aconsejo que Vd. se acostumbre a pronunciarla, y trate de hacerlo de la forma mas inglesa que pueda).

**b/v** En inglés se pronuncian con una gran diferencia, **best** y **vest** son dos palabras muy diferentes ('lo mejor' y 'camiseta'). Sólo hay una forma de pronunciar la **b** en 'Boston', y es empezar con los labios cerrados, hacer la **b** 'labial'. Sólo hay una forma de pronunciar la **v** en 'Victoria', y es empezar con los labios abiertos y los dientes superiores encima del labio inferior.

**r y rr** La lengua no vibra tanto como en español y la **rr** no existe. Si la **r** la hace vibrante, hablará con acento escocés. Normalmente el acento americano o británico no tiene vibración en absoluto, o un poco como para la 'l'.

**z**      Esta es como una 's' sonora, como el sonida de una abeja zumbando.

**st/sp**    En español no es muy frecuente encontrar la 's' líquida, pero es muy normal en inglés, como en las palabras **Spanish** y **student**, éstas sólo tienen dos sílabas. Repítalo despacio, empezando con la 's' solamente, como si fuera a decir sobre, y continue con el resto de la palabra. Con práctica le saldrá bien.

Todas las consonantes estan representadas a continuación como se pronuncián. Las mayúsculas representan algunos de los sonidos difíciles de la fonética. De lo contrario puede pensar que son como en español.

| | | |
|---|---|---|
| **p** | | **b**    más explosivas que en español |
| **t** | | **d** |
| **k** | | **g** |
| **f** | | **v** |
| **th** | [ZH] | como la 'c' o 'z' castellana |
| **th** | [DH] | como la 'd' suave en 'madre' |
| **s** | | |
| **z** | [SZ] | como una 's' zumbante |
| **sh** | [SH] | como una 's' silbante |
| **ch** | [CH] | como en 'leche', un poco más acentuada |
| **j** | [DY] | como en español |
| **h** | [JH] | como una 'j' aspirada, como un perro jadeante |
| **m** | | |
| **n** | | |
| **ng** | | nasal, como en 'camping' |
| **l** | | |
| **r** | | pronunciada sin vibración en la boca, a veces muda |
| **y** | [io] | como en 'yo' |
| **w** | [u] | como la 'u' en 'cuanto'. |

## Vocales

Todos las vocales en inglés son diferentes del español, por tanto preste mucha atención. La descripción que sigue y la explicación fonética le ayudara a expresarse majar. Le será mas fácil desde luego si oye los cassettes, donde puede oir voces inglesas y americanas, y después trate de imitarlas. Pero no se preocupe si no consigue un acento inglés perfecto – los ingleses encuentran el acento español exótico y atractivo (excepto cuando pronuncian la **h** como una 'j' fuerte).

| | | | |
|---|---|---|---|
| 1 | [i] | **sit** (sentado) | Parecida a la 'i' en 'mi', pero mas corta y suave. Relaje los músculos de la boca un poco. |
| 2 | [I] | **sea** (mar) | Parecida a la 'i' en 'mi', pero mas larga. |
| 3 | [E] | **end** (fin) | Muy parecida a la 'e' en 'español'. |
| 4 | [AE] | **hat** (sombrero) | Empieze diciendo la 'a' de 'casa', mas al frente de la boca y con un poco mas de 'e' en 'élla'. |
| 5 | [AH/AR] | **palm** (palma) | Mas larga y redondeada que la 'a' en 'hambre'. Trate de decirlo mientras bosteza. |
| 6 | [O] | **plot** (parcela) | 'o' corta como en 'los', en inglés británico, o parecido a la 'a' en inglés americano. |
| 7 | [OR] | **talk** (hablar) | 'o' larga, entre 'o' y 'u', como la 'o' en 'señor'. |
| 8 | [u] | **put** (poner) | 'u' corta como en 'tú', algo mas corta y baja. |
| 9 | [U] | **roof** (tejado) | 'u' larga como en 'tú', mas larga. |
| 10 | [A] | **but** (pero) | Muy parecida a la 'a' de 'casa', algo mas corta y baja. |
| 11 | [ER] | **girl** (chica) | Comience con una 'er' como en 'mujer', pero casi en la garganta. |
| 12 | [e] | **Tex_as** | Este sonido aparece en un sílaba débil, como en la segunda sílaba de **London**, **Europe**, **Texas**. Parecida a la 'a' en 'una' o en 'buenas' cuando se dice buen's'. Trate de decir Tex's. En realidad es una versión muy acortada de las vocales en los ejemplos 10 y 11. |

Tambien se usan las siguientes combinaciones de vocales.

| | | | |
|---|---|---|---|
| 13 | [EI] | **way** (camino) | Bastante parecida a la 'e' en 'de' pero alargada como 'de-i'. |
| 14 | [OU] | **boat** (barco) | Parecida a 'yo', con un poco mas de 'u' al final. |
| 15 | [AI] | **smile** (sonrisa) | Parecida a 'ay' en 'hay', acortando un poco la 'a'. |
| 16 | [AU] | **out** (fuera) | Como 'au' en 'auto', acortando un poco la 'a'. |
| 17 | [OI] | **boy** (chico) | 'o' más 'i'. |
| 18 | [IE] | **here** (aquí) | 'i' más 'e', parecida a 'quien', pero acortado al final. |
| 19 | [EA] | **air** (aire) | Parecida a la 'e' en 'mujer', pero relaje los músculos y termine con una 'a' corta. |
| 20 | [Ue] | **tour** (excursión) | Este sonido está compuesto de 'u' y 'e' corta. |

Los sonidos 5, 7 y 11 corresponden en ortografía a la letra **r** precedida de
una o varias vocales: **farm, fork, bird** (granja, tenedor, pájaro). La
diferencia mas notable entre inglés británico e inglés americano es que la **r**
se pronuncia en americano pero no en inglés británico. Esta regla también
se aplica a los últimos tres diptongos, 18, 19 y 20, y a veces al 12, el cual,
estando en sílaba débil, se puede representar con cualquier sonido,
incluido vocal más **r**. En nuestra pronunciación representada, si ve [HER]
or [HERD] (sonido vocal 11), es decir **r** seguida de consonante, o nada,
pronuncie la **r** como en americano, no como en británico. Si la **r** va
seguida de vocal, desde luego, pronúnciela en todos casos: **right** [RAIT].

## Repita en voz alta

He aqui la fonética del alfabeto inglés:

| | | | |
|---|---|---|---|
| **A** | [EI] | **N** | [EN] |
| **B** | [Bi] | **O** | [OU] |
| **C** | [Si] | **P** | [Pi] |
| **D** | [Di] | **Q** | [KIU] |
| **E** | [I] | **R** | [AR] |
| **F** | [EF] | **S** | [ES] |
| **G** | [DYi] | **T** | [Ti] |
| **H** | [EITCH] | **U** | [IU] |
| **I** | [AI] | **V** | [vi] |
| **J** | [DYEI] | **W** | [DABLIU] |
| **K** | [KEI] | **X** | [EKS] |
| **L** | [EL] | **Y** | [UAI] |
| **M** | [EM] | **Z** | [ZI] (americano), [ZED] (británico) |

Practique estas pronunciaciones. Deletree su nombre en inglés (por
ejemplo, deletreándolo por teléfono a alguién que no hable español).
Después trate de deletrear el resto de su nombre; su dirección y ciudad
donde vive; el nombre de su padre y su madre.

## Acento tónico

Todas las palabras en inglés tienen acento tónico, muy marcado, al menos
en una sílaba, al igual que en español: **English** (inglés) [ingGLiSH], **arrive**
(llegan) [ARAIV]. Generalmente, la sílaba débil es a menudo muy débil:
[IngGL'S, 'RAIV]. Esto hace la comprensión muy difícil. Si escucha a un
buen locutor, quizás un locutor de televisión, tratando de captar alguna
palabra que conozca, pero no le comprende, creerá que debe ser una
palabra que no ha visto antes, o quizás piensa que se trata de un modismo
del idioma.

Aún mas difícil es qué, en inglés, al contrario que en español, no hay regla sobre acento tónico. Un buen consejo aquí es que: si tiene duda, no invente. Cuando no esté seguro, pronuncie cada sílaba por separado. Sus interlocutores le entenderán perfectamente, y quizá dirán que tiene un acento extranjero muy simpático. Si por otra parte lo imagina mal, y acentúa una sílaba donde no debe, nadie le entenderá. **Arrive** se acentúa sobre la segunda sílaba ['RAIV]. Aquí se vé la diferencia, [AERev] no se entenderá en absoluto mientras [AERAIV] sí se entenderán.

En algunos casos, al cambiar el acento también se cambia el significado. **record** [ReKORD] es 'grabar'; **record** [REKerD] es 'disco'; **transport** [TReNSPORT] es 'transportar'; [TRANSPORT] es 'transporte'. En cada ejemplo el verbo tiene el énfasis en la última sílaba. Las palabras compuestas llevan el acento tónico generalmente sobre la primera sílaba: **greenhouse** [GRINJHAUS] (invernadero), al contrario que en **green house** [GRIN JHAUS] (una casa verde). Por lo que puede ver el acento tónico es más importante en inglés que en español, ya que es parte integral de la gramática inglesa y no, producto de la pereza del inglés al hablar.

En las lecciones que siguen se muestra el acento tónico de la fonética subrayado. Cualquier buen diccionario tendrá su forma de demostrar el acento de las palabras. Diferentes diccionarios tienen diferentes símbolos, por eso es buena idea comprobar primero una palabra conocida para ver como ese diccionario representa el acento.

Palabras de una sílaba no tienen problema: **house** [JHAUS], **man** [MAEN], **car** [KAR]. A veces se puede decir con certeza el acento en palabras de dos sílabas, puesto que un prefijo o subfijo puede ser la sílaba débil.

**arrange, reverse, invite, success**
[eREINDY, ReVERS, eNVAIT, SeKSES]
**ration, army, native, central**
[RAESHeN, ARMi, NEITeV, SENTReL]

En otros casos es muy probable que sea la primera sílaba, en vez de la segunda (pero debe tener mucho cuidado con cada nueva palabra).

Con palabras polisílabas hay algunas reglas fáciles que deben aprenderse y que se pueden aplicar al 90 por ciento del idioma (el porcentaje no está mal, después de todo).

Para ser exacto, hay una regla, con algunas excepciones. La regla es como sigue:

**American, photograph, photographer, psychologist, thermometer.**
[eMERiKeN, FOUTeGRAF, FeTOGReFe, SAIKOLeDYiST, ZHeMOMeTe]

Cuente las sílabas hacia atrás, la esdrújula lleva acento tónico. Si la palabra se alarga o reduce, el acento tónico mueve para que se siga pronunciando esdrújula: **photograph** [FOUTeGRAF], **photographer** [FeTOGReFe], **psychology** [SAIKOLiDYI] (fíjese que al contrario del español, la primera parte si que se pronuncia), **psychological** [SAIKeLODYiKEL].

Las palabras trisílabas generalmente llevan el acento en la primera sílaba.

La misma regla se aplica a palabras muy largas, pero también se da un poco de énfasis a alguna sílaba anterior para evitar confusión. De este modo con la palabra de siete sílabas, **meteorological**, trate de darle más énfasis a la segunda parte [LODYiKeL], aunque también debe darle algo de tono a la primera parte [MITIeReoLODYiKeL]. Esta palabra también les cuesta algo de trabaja a los ingleses, y sólo la pronuncian bién tras mucha práctica.

La primera excepción a esta regla es que, no se aplica a palabras que terminan con **–ic** o **–ion**. Aqui la regla es que se acentúa la sílaba grave.

**photographic, republic, fantastic**
[FOTeGRAEFiK, RePABLiK, FANTAESTiK]
**explanation, explosion, revolution**
[eKSPLeNEISH'N, eKSPLOUZHeN, REV'LUSH'N]

La segunda excepción es que no se aplica a las palabras que terminan en **–ee**, o a las que terminan con el sonido [IER] (en ortografía **–eer**, **–ier**, etc.) Aqui la regla es que se acentúa la sílaba aguda.

**referee, guarantee, employee**
[REFeRI, GAReNTI, EMPLeYI]
**engineer, disappear, persevere**
[ENDYeNIER, DiSePIER, PERSeVIER]

La tercera excepción se refiere a las terminaciones gramaticales normales **–ing** y **–ly** (si todavía no ha llegado a estas lecciones, encontrará ésto difícil de seguir, es buena idea dejarlo para más adelante, cuando estas reglas aparezcan). Las terminaciones gramaticales normales no cambian el acento tónico de las palabras, aunque añadan una sílaba: **recognize, recognizing** [REKeGNAIZ(ING)]; **diplomatic, diplomatically** [DiPLeMAETiK(Li)]; **estimate, estimated** [ESTeMEIT(iD)].

Esta regla está muy bien cimentada en la mente del inglés. Cuando una nueva palabra aparece en los periódicos, todo el mundo sabe en que parte de la palabra hay que poner el acento tónico. **Video** [ViDiOU] (regla básica), **aerobics** [EAROBiKS] (excepción número uno), **videoing** [ViDiOUiNG] (excepción número tres).

**Ejercicio A**
*¿Dónde se pone el acento tónico en en las siguientes palabras?:*

| | | | |
|---|---|---|---|
| 1 | international | 2 | internationally |
| 3 | economist | 4 | economics |
| 5 | mountaineer | 6 | mountaineering |
| 7 | communism | 8 | communicate |
| 9 | communicated | 10 | direction |
| 11 | automatically | 12 | organization |

## Entonación de la frase

La entonación en las frases no es un problema que surja al leer o escribir inglés. Incluso al hablar le entenderán muy bién si usa su entonación española. Pero si escucha el inglés hablado, es una situación diferente. Tratar de entender un idioma extranjero es siempre difícil. Cuando ese idioma se habla con unas reglas básicas diferentes a las que se esperan, es aún más difícil.

En esta frase, hablada normalmente, hay tres entonaciones diferentes.

**I've ordered some coffee and a cake.**    He pedido café y tarta.
[AIV ORDerD SeM KOFi eND e KEIK].

Ve lo que pasa. Las palabras importantes van entonadas. Si una palabra importante es bisílaba, sólo la sílaba tónica va entonada. El resto de la frase se pronuncia mas suave.

Las cuatro frases siguientes tienen tres entonaciones diferentes.

**I'll go home now.**    Ahora me iré a casa.
[AIL GOU JHOME NAU]
**I'm going to Spain tomorrow.**    Mañana voy a España.
[AIM GOUiNG Te SPEIN TeMORO]
**I'm going to America tomorrow.**    Mañana voy a América.
[AIM GOUiNG Te eMERiKA TeMORO]
**I'll be returning from America in October.**    En Octubre regresaré de América.
[AIL Bi ReTERNiNG FReM eMERiKA eN eKTOUBer]

Como en el caso anterior, las palabras importantes se entonan en las sílabas tónicas. Y como en el caso anterior, las demas sílabas apenas se pronuncian. La longitud de éstas está determinada por el número de sílabas antes de la próxima entonación. Es como si cantara y tiene que ajustar las palabras a un tono. Si tiene dos palabras, cada una puede tener medio tono. Si hay seis palabras, tiene que ir algo mas aprisa para que todas quepan. En realidad así es el ritmo en el inglés hablado. En los ejemplos, tardará el mismo tiempo en decir la frase número tres, que la número dos, aunque tenga tres sílabas más en élla. El ritmo es como sigue.

En una frase con varias sílabas débiles, el ritmo va despacio, pero no mucho. En los ejemplos anteriores, la última frase tarda más en decirse que la primera, pero no tanto como pudiera pensar.

Ya ve lo que se quiere decir cuando oye hablar inglés.

Cuando oiga el sonido [ND] o [N], en realidad es **and** (y). Pensará, ¿porqué esta gente no puede pronunciar las palabras con claridad?, pero la verdad es que el pobre locutor no tiene tiempo de decir [AEND] antes del próximo tono. No le sorprenda oir en la conversación inglesa palabras como: 'Excuse me?' (¿perdón?) y 'Can you say that again?' (¿puede repetirlo?).

Merece la pena repetir que todo lo dicho anteriormente sobre este tema se aplica a todas las formas del inglés, ya sea americano, británico, australiano o de cualquier otra nacionalidad. No es mala pronunciación, es la forma de hablar de cualquier inglés bien educado, incluyendo la Reina de Inglaterra, un profesor de inglés en la universidad de Cambridge, o, en último caso, también un taxista neoyorkino. Y ésto ha sido una peculiaridad del idioma inglés desde hace mas de dos mil años.

En algunas ocasiones Vd. oirá **and** pronunciado [AEND], es para dar enfásis.

**He was late. And he was drunk.**   [JHI uOSZ LEIT. AEND JHI uOSZ DRANK]
'Llegó tarde. Y además estaba borracho.'
**I can do it.**   [AI K'N DU iT] 'Puedo hacerlo.' Sentido normal.
**I can do it.**   [AI KAEN DU iT] Podría significar 'Puedo hacerlo ... pero no lo voy a hacer' o tambien 'No tiene razón, claro que puedo hacerlo'; pero ne en el sentido normal.

A menos que se tenga otra intención, el locutor pondrá la entonación en las sílabas fuertes de las palabras importantes, y las demas sílabas las colocará antes, despúes, o entre entonaciones. Preste atención cuando le hablen.

### Ejercicio B
*Cada frase llevaría normalmente tres sílabas fuertes. ¿Dónde?*

1  **I'll order two cups of coffee.**   Pediré dos tazas de café.
2  **Can you tell me the way to the station?**   ¿Podría indicarme cómo llegar a la estación?
3  **By tomorrow it'll feel a lot easier.**   Mañana parecerá más fácil.
4  **I think they'll arrive about ten.**   Creo que llegarán hacia las diez.
5  **It's going to rain tomorrow night.**   Mañana por la noche va a llover.
6  **The boy's at school now.**   El chico está ahora en el colegio.
7  **You said you'd love me for ever.**   Me dijiste que me amarías toda la vida.
8  **How much does a big one cost?**   ¿Cuanto cuesta el grande?

## Entonación

Un punto final sobre la pronunciación es cómo el tono sube o baja al
hablar. En general, el inglés hablado tiene un tono descendente, y hay
quién dice que no se pueden decir las vocales bién en inglés sin una
entonación descendente, o vice versa, pués la una ayuda a la otra.

El tono normal baja con rapidez a través de la frase. En realidad baja con
cada sílaba entonada (vea la sección anterior sobre la entonación de la
frase), mantiene la misma nota sobre cada sílaba entonada y después baja
de nuevo. Al final de la frase se disipa:

**It's about eighty miles from Houston**   Está a unas ochenta millas de
[iTS eBAUT <u>EI</u>Ti                   Houston

       <u>MAI</u>LZ FReM

          <u>HIUST</u>

             eN]

El mismo patrón siguen las frases interrogativas que comienzan con una
conjunción interrogativa como **What?, Why?** (aqui también, si no sabe
estas preguntas, deje esta sección hasta que haya aprendido algunas de las
lecciones). Las siguientes frases se muestran con un tono descendente, con
la última sílaba débil disipándose:

**Where do you come from?** [UER De YU <u>KAM</u> FReM]   ¿De dónde es Vd.?
**How much did it cost you?** [JHAU MATCH DiD iT <u>KOS</u>T YU?]   ¿Cuanto te
costó?

La otra clase de preguntas, las que comienzan con **Do you? Is he?** etc.
siguen casi el mismo tono, pero al final asciende un poco:

**Have you ever flown in a helicopter?**   ¿Ha volado en helicóptero alguna
[haev YU EVA                      vez?

       FLOUN iN A        Ter]

          HELiKOP

El tono ascendente está mas claro cuando algo continúa después de la
pregunta en cuestión (ya sea cosa o pregunta):

**What are you trying to do, young lady?**   ¿Que pretendes hacer, jovencita?
[UOTeR YU                 Di]

    TRAIiNG Te     LEI

        DU IANG

El tono ascendente indica que quiere algo de su interlocutor, o,
exactamente lo contrario, que no ha terminado de hablar. **I can get you
some coffee or tea.** Dicho con tono descendente, quiere decir que 'puedo
darte té o café'. Dicho la palabra **tea** en tono ascendente, diría que

'quizás quiere jugo de naranja o cerveza'. No está claro si ésto implica 'contéstame, o escoje' ó, 'espera que termine la lista de bebidas que tengo', pero de cualquier modo, implica algo más que el simple tono descendente.

Oirá muchos otros tonos en el inglés hablado. No es lo mismo que los cambios de tono de voz, sino que también cambia el significado. Subidas o bajadas de tono significantes expresan estímulo, sorpresa o duda; la monotonía, con poco cambio de tono, implícan negación, tal como hostilidad o aburrimiento. Puede tratar de decir **Hello** de ocho o diez formas diferentes, con ligera caída, caída rápida, caída y subida en la misma sílaba, sin cambio alguno, ligera subida, etc., para acostumbrar la voz y el oído a los diferentes tonos de voz.

## Respuestas a los ejercicios A y B

**Ejercicio A:** 1 international  2 internationally  3 economist  4 economics
5 mountaineer  6 mountaineering  7 communism  8 communicate
9 communicated  10 direction  11 automatically  12 organization

**Ejercicio B:** 1 order, two, coffee  2 tell, way, station  3 tommorrow, feel, easier  4 think, arrive, ten  5 going, rain, night  6 boy's, school, now
7 said, love, ever  8 How, big, cost

# Lección 1

## 1 Pronombres personales

**I** [AI]   yo  
   **you** [YU]   tú, vosotros, Vd., Vdes.  
**he** [JHI]   él (masculino)  
**she** [SHI]   élla (femenino)  
**it** [iT]   éllo (neutro)  

**we** [UI]   nosotros  

**they** [DHEY]   éllos, éllas  

## 2 be (ser o estar)

*Presente*

**I am** [AI AM]   soy, estoy  
   **you are** [YU AR]   eres, sois, estás, estan  
**X is** [iSZ]   es, está  

**we are** [UI AR]   somos, estamos  

**they are** [DHEY AR]   son, están  

El verbo **be** en inglés, como en la mayoría de los idiomas, es irregular. Usa tres formas en el presente: **am** para la primera persona (yo), **is** para la tercera persona singular (el, ella, mi amigo, etc.), y **are** para las demas personas. Apréndalo bien.

### Ejercicio 1

*Complete las siguientes frases:*

| | |
|---|---|
| 1 **He ... American**. [eMERiKeN] | Es americano. |
| 2 **We ... Spanish**. [SPAENiSH]] | Somos españoles. |
| 3 **She ... English**. [ingGLiSH] | Es inglesa. |
| 4 **The man ... English**. [DHe MAEN] | El hombre es inglés. |
| 5 **I ... Colombian**. [KeLAMBieN] | Soy colombiano. |
| 6 **... ... Italian**. [iTAELieN] | Eres italiano. |
| 7 **... ... American**. | Son americanos. |
| 8 **Paris ... the capital of France**.  [KAEPiTeL] | Paris es la capital de Francia. |

## 3 Forma interrogativa y negativa

Para hacer una pregunta, ponga el verbo delante: **Am I?** (¿Soy yo?), **Are they?** (¿Son éllos?). Tenga en cuenta que **I** (yo) siempre se escribe con mayúscula. La negación es la palabra **not**, después del verbo, así dirá **It is**

**not English** [iT iS NOT ingGLiSH], 'No es inglés'.

**Ejercicio 2**

*Complete las siguientes frases:*

| | | |
|---|---|---|
| 1 | ... he English? | ¿Es inglés? |
| 2 | ... ... ...? | ¿Son españolas? |
| 3 | ... ... ...? | ¿Es italiana? |
| 4 | **She ... American.** | Es americana. |
| 5 | **Paris ... ... the capital of Spain.** | Paris no es la capital de España. |

# 4 Adjetivos

Los adjeticos en inglés son invariables. **Italian** es 'italiano/s' e 'italiana/s'. Como ve, el inglés es fácil. No obstante. tenga en cuenta que las nacionalidades siempre se escriben con mayúscula.

# 5 Contracciones

Es muy normal escribir algunas formas del verbo **be** contraidas. Se quita la vocal, y se reemplaza con un apóstrofe: **you're** [YOr] **(you are)**; **I'm** [AIM] **(I am)**; **he's** [JHIS] **(he is)**.

**Ejercicio 3**

*Complete las siguientes frases usando lacontracción:*

| | | |
|---|---|---|
| 1 | **She's (She is) ... .** | Es americana. |
| 2 | **I'm not (I am not) ... .** | No soy español. |
| 3 | ... ... ... . | No es inglés. |
| 4 | ... ... ...? No, ... not. [NOU] | ¿Es Vd. español? No, no soy. |
| 5 | ... ... ...? Yes, ... **English.** [YES] | ¿Son ingleses? Si, son ingleses. |
| 6 | ... ... ...? ..., ... ... . | ¿Es americano? No, no es. |

CONVERSACION

| | | |
|---|---|---|
| *Pat* | **Hello.** | Hola. |
| *Chris* | **Hi!** | ¿Que hay? |
| *Pat* | **How are you?** | ¿Que tal estás? |
| *Chris* | **I'm well, thanks.** | Estoy bien, gracias. |
| | **And you? Are you well?** | ¿Y tú? estás bien? |
| *Pat* | **No, I'm not well.** | No, no estoy bien. |
| *Chris* | **No?** | ¿Nó? |
| *Pat* | **No. I'm fed up.** | No, estoy harta. |
| *Chris* | **Are you?** | ¿Si? |

[JHeLOU, JHAI, JHAU, UEL, ZHAENKS, AEND, FED AP]

# 6 the (el, la, los, las)

**the boy, the girl, the boys**
[DHe BOI, DHe GIRL, DHe BOISZ]

el chico, la chica, los chicos

En inglés sólo hay un artículo definido, la palabra **the**. Como Vé, el inglés es fácil. No obstante, tenga cuidado con la pronunciación. Ante una consonante, se pronuncia [DHe], ante una vocal [DHi]. Asi **the morning** [DHe MORNiNG] (la mañana), **the night** [DHe NAIT] (la noche); pero **the afternoon** [DHi AFTerNUN] (la tarde) y **the evening** [DHi IVeNiNG] (el atardecer).

Tenga en cuenta también que en inglés el artículo indefinido plural, 'unos hombres', 'unos billetes', se traduce sin artículo: **men, tickets.**

## 7 Números cardinales

| | | | | |
|---|---|---|---|---|
| 1 | **one** [UAN] | | 2 | **two** [TU] |
| 3 | **three** [ZHRI] | | 4 | **four** [FOR] |
| 5 | **five** [FAIV] | | 6 | **six** [SIKS] |
| 7 | **seven** [SEVeN] | | 8 | **eight** [EIT] |
| 9 | **nine** [NAIN] | | 10 | **ten** [TEN] |

### Ejercicio 4

*Practique los números escribiendo la hora:*

1  04.00  **It's ... in the morning.**  Son las cuatro de la mañana.
     [iN]
2  16.00  **It's ... in ... afternoon.**  Son las cuatro de la tarde.
3  22.00  **It's ... evening.**  Son las diez de la noche.
4  05.00  **...**
5  13.00  **...**
6  03.00  **...**
7  14.00  **...**
8  21.00  **...**
9  **Is 05.00 five in the afternoon?**  ¿Son las 05.00 cinco de la tarde?
   **No, ...**  No, son la cinco de la mañana.
10  **Is 20.00 eight in the evening?**
   **Yes, ...**
11  **Is 18.00 six in the morning?**
   **...**  No, son ...
12  **Is 19.00 nine in the morning?**
   **...**
13  **Is 09.00 eight in the evening?**
   **...**

# 8 Saludos

**Hello** es el saludo normal. **Hi** es más familiar, equivalente a 'Hola'. Mas educado es **Good morning**, etc. Se dice **Good afternoon** en cualquier momento entre después de comer y las cinco o seis de la tarde; se dice **Good evening** ('Buenas noches') entre las 5 o las 6 de la tarde hasta el día siguiente. El cuarto **Good night** ('Hasta mañana') se dice cuando alguien se va a la cama, en realidad no es un saludo, es mas bién como 'adios' una despedida. También estudie lo siguiente:

| | |
|---|---|
| **How are you?** | ¿Como está Vd.? |
| **Please. Yes, please.** | Por favor. Sí, por favor. |
| **Thank you. No, thank you.** | Gracias. No, gracias. |

Tenga en cuenta que **be** traduce los dos verbos ser y estar, asi puede aprender dos verbos con un solo esfuerzo.

### Ejercicio 5
*¿Que se dice a estas horas?*

1  10.00  **Good m...**  Buenos dias.
2  16.00  **G... a...**  Buenas tardes.
3  20.00  **... ...**
4  22.00  **...**
5  14.00  **...**
6  Cuando le pregunten si es inglés. (No, soy ...)
7  Cuando le ofrezcan de beber pero no quiere. (No, gracias.)
8  Cuando le ofrezcan de beber y sí quiere. (Si, ...)
9  Cuando encuentre a alguien que conoce. (Hola, ¿que tal?)
10  Alguien dice, 'Me voy a la cama'. (Hasta mañana.)

## CONVERSACION

| | | |
|---|---|---|
| *Sam* | **Good morning.** | Buenos dias. |
| *Les* | **It's not morning. It's afternoon.** | No es por la mañana. Es por la tarde. |
| *Sam* | **Is it afternoon?** | ¿Es por la tarde? |
| *Les* | **Yes, it's one in the afternoon.** | Sí, es la una de la tarde. |
| *Sam* | **Well, well. How are you?** | Vaya, vaya. ¿Cómo estás? |
| *Les* | **I'm fine, thank you. How are you?** | Estoy bien, gracias. ¿Y tú? |
| *Sam* | **I'm very well.** | Yo muy bien. |
| *Les* | **How are the family? Are they OK?** | ¿Cómo está la familia, bien? |
| *Sam* | **Yes, they're OK.** | Si, están bien. |
| *Les* | **Good.** | Estupendo. |

[FAIN, FAMeLi, O KEI]

# 9 Verbos

Se emplea la forma simple del verbo como imperativo: **work, go, stop**
[UERK, GOU, STOP] (trabaje/n, vaya, pare). El presente de indicativo es:

| | | | |
|---|---|---|---|
| **I work** | trabajo | **we work** | trabajamos |
| | **you work** | trabajas, trabajáis, Vd. trabaja, Vds. trabajan | |
| **X works** | trabaja | **they work** | trabajan |

Como puede ver se usa la forma básica del verbo, con un cambio: la
tercera persona singular siempre lleva **s**. Parece mentira pero muchos
españoles olvidan esta regla tan simple cuando hablan inglés. El efecto es
como si se dijera 'mi amigo trabajar' o algo asi. También hay otros
cambios en la pronunciación. Vea éstos siguientes:

| | | | |
|---|---|---|---|
| live | he lives | [JHI LiVSZ] | él vive |
| come | it comes | [iT KAMSZ] | esto viene |
| go | it goes | [iT GOUSZ] | esto va |
| ask | she asks | [SHI ASKS] | élla pregunta |
| stop | she stops | [SHI STOPS] | élla para |
| close | it closes | [iT KLOUSZiSZ] | esto cierra |
| finish | he finishes | [JHI FiNiSHiSZ] | él termina |

La **s** suena de tres formas diferentes. La mayoría de las veces es [SZ], pero
detrás de una consonante fuerte como f/t/p/k, se pronuncia [S] silbante;
detrás de una s/z/ch se pronuncia [iSZ]. Estudie los ejemplos de nuevo
para ver los cambios de sonidos.

### Ejercicio 6

*En las frases siguientes, ¿cómo se pronuncia la s: S, SZ, ISZ?*

| | | |
|---|---|---|
| 1 | **She speaks English.** | Habla inglés. |
| 2 | **She understands French.** | Comprende francés. |
| 3 | **He plays tennis.** | Juega al tenis. |
| 4 | **The taxi stops.** | El taxi se para. |
| 5 | **The boy watches TV.** | El niño ve la tele. |
| 6 | **The machine uses electricity.** | La máquina usa electricidad. |

[SPIK, ANDerSTAEND, PLEI, TENiS, TAEKSi, UOTCH, Ti Vi, MeSHIN, IUSZ,
eLEKTRiSiTi]

### Ejercicio 7

*Traduzca los ejemplos siguientes sin olvidar las s de la tercera persona:*
1  Vds. trabajan.
2  Ellas van.
3  Ella trabaja.
4  Nosotros vamos.

5  Trabajo por la mañana.  (por – **in; morning**)
6  El autobús sale por la tarde.  (**bus** [BAS]; **afternoon**)

## 10 a/an (un, uno, una)

**a man** [EI MAEN]   un hombre

**a house** [EI JHAUS]   una casa

**an American** [AN eMERiKeN]

**a woman** [EI UOMaN]   una mujer

**an apartment** [AN ePARTMENT]
un apartamento

**a European** [A YURePIen]   un
europeo

**a** se convierte en **an** delante de vocal, sin tener en cuenta la ortografía. 'European' escrito comienza con vocal, pero hablado, comienza con 'y griega', que en inglés se considera consonante. De esta forma se escribe **an MP** (un Miembro del Parlamento) y se pronuncia [AN EM PI]. Esto se hace para evitar cacofonía.

### Ejercicio 8

*Traduzca;*
1  **He lives in an apartment in Paris.**  (**in** – en)
2  **It's Saturday. She works in the morning.**  (**Saturday** – sábado)
3  **They live with an English family.**  (**with** – con)
4  **The bus comes from San Antonio.** (**from** – de)
5  **Monday is not a good day.**  (**Monday** – lunes; **day** – día)
6  **Ask Ramón. He speaks English.**  (**ask** – preguntar)
7  **Please come in the afternoon.**

## CONVERSACION

| | | |
|---|---|---|
| *Pierre* | **A coffee?** | ¿Un café? |
| *Luis* | **Yes, please.** | Sí, por favor. |
| *Pierre* | **With milk?** | ¿Con leche? |
| *Luis* | **No, thank you.** | No gracias. |
| *Pierre* | **You're Italian, are you?** | ¿Eres italiano verdad? |
| *Luis* | **No, I'm Mexican. I speak Italian, but I'm not Italian. And you?** | No, Mejicano. Hablo italiano, pero no soy italiano. ¿Y tú? |
| *Pierre* | **My father comes from Yugoslavia. My mother comes from France. We live in Canada.** | Mi padre es Yugoslavo. Mi madre es Francesa. Vivimos en Canadá. |
| *Luis* | **You're Canadian.** | ¿Eres Canadiense? |
| *Pierre* | **Yes, that's correct.** | Sí, correcto. |

[KOFi, MiLK, MEKSiKeN, FADer, KeNEIDieN, DHATS KERREKT]

## 11 Plurales

| | |
|---|---|
| **a friend, three friends**   [ZHRI FRENDSZ] | un amigo, tres amigos |
| **a car, cars**   [KAR, KARSZ] | un coche, coches |
| **a ticket, tickets**   [TiKET, TiKeTS] | un billete, billetes |
| **a house, two houses**   [JHAUS, TU JHAUSZiSZ] | una casa, dos casas |

Por regla general, la pronunciación del plural s es igual que en los verbos (ver sección 9): [SZ], [S] o [isz] dependiendo del sonido precedente. Hay muy pocos plurales irregulares. Estos son los mas importantes:

| | |
|---|---|
| **a man, men** [MAEN, MEN] | hombre, hombres |
| **a woman, women** [UOMeN, UiMEN] | mujer, mujeres (fíjese en la pronunciación) |
| **a child, children** [TCHAILD, TCHiLDReN] | niño, niños |
| **a foot, feet** [FUT, FIT] | pié, piés |
| **a tooth, teeth** [TUZ, TIZ] | diente, dientes |

Téngase en cuenta éste otro:

| | |
|---|---|
| **a person, people** [PERSeN, PIPeL] | una persona, gente |

## 12 there is, there are (hay)

**There's (There is) a man in the house.**   Hay un hombre en la casa.
[DHERS A MAEN iN DHe JHAUS]
**There are two men in the house.**   Hay dos hombres en la casa.
[DHER AR TU MEN iN DHe JHAUS]
**Is there a taxi?**   ¿Hay un taxi?
[iSZ DHER A TAEKSi]
**Are there taxis?**   ¿Hay taxis?
[AR DHER TAEKSiS]
**There isn't (is not) a train.**   No hay tren.
[DHER iSZNT A TREIN]

Use **there is** o **there are** según si la frase es singular o plural.

**Ejercicio 9**
*Traduzca:*
1 taxis, hombres, tardes
2 chicos, pisos, casas
3 cinco personas, tres hombres y dos mujeres (y – **and** [AEND])
4 dos buenos amigos (bueno – **good**; amigo – **friend**)
5 ocho taxis
6 tres semanas (semana – **week** [UIK])
7 dos cervezas (cerveza – **beer** [BIR])
8 cinco días (día – **day**)
9 Hay siete días en la semana.
10 ¿Hay teléfono en el apartamento? (teléfono – **telephone**)
11 ¿Hay niños en la casa?
12 Hay un buen programa en la tele. (programa – **programme**; en – **on**, tele – **TV**)

## 13 have (haber/tener), do (hacer)

| | | | |
|---|---|---|---|
| **I have, you have** [JHAEV] | he/tengo, has/tienes | **X has** [JHAESZ] | ha/tiene |
| **I do, you do** [DU] | hago, hacéis, hacen | **X does** [DAS] | hace |

Estos verbos son importantes en cualquier idioma. Téngase en cuenta la diferencia de la tercera persona singular.

**Ejercicio 10**
*Traduzca:*
1 **They have two children.**
2 **She does five days a week in Madrid.** (a week – por semana)
3 **He has three or four apartments in Italy.** (or [OR] – o)
4 **We have a week in Athens and two days in Cairo.**
5 **The car has five doors.** (door [DOR] – puerta)
6 **I do the garden.** (garden [GARDeN] – jardin)

CONVERSACION

| | | |
|---|---|---|
| *Martin* | **There are fifteen people in the house.** | Hay quince personas en la casa. |
| *Arthur* | **Fifteen?** | ¿Quince? |
| *Martin* | **Fifteen or sixteen.** | Quince o diez y seis. |
| *Arthur* | **Are they a rugby team?** | ¿Es un equipo de rugby? |
| *Martin* | **No, they're friends of Gaston.** | No, son amigos de Gastón. |
| *Arthur* | **Gaston has fifteen friends?** | ¿Gastón tiene quince amigos? |
| *Martin* | **Fifteen or sixteen.** | Quince o dieciseis. |
| *Arthur* | **That's amazing.** | Es asombroso. |

[FiFTIN, SiKSTIN, RAGBi TIM, eMEISZing]

## 14 Interrogaciones

| | |
|---|---|
| **Where?** [UEAR] | ¿Dónde? |
| **When?** [UEN] | ¿Cuándo? |
| **How?** [JHAU] | ¿Cómo? |
| **How much?** [JHAU MATCH] | ¿Cuánto? |
| **What?** [UOT] | ¿Qué? |

En inglés sólo se usa el signo de interrogación al final de la frase.

## 15 Plurales que terminan en -s

El plural se forma con **-es** cuando tanto el substantivo como el verbo terminan en -s. Fíjese en los ejemplos que siguen:

| | |
|---|---|
| **a bus, buses** | autobús |
| **pass, he passes** | pasar, él pasa |
| **a potato, potatoes** | patata, patatas |
| **go, he goes** | ir, él va |
| **a city, cities** | ciudad, ciudades |
| **try, he tries** | intentar, él intenta |

Todas las palabras que terminan en s, sh, ch, y z, y la mayoría que terminan en o, añaden **es**. Las palabras que terminan en y griega cambian ésta por **ies**. La y precedida de vocal no cambia. Por ejemplo **boy – boys**, pero **city – cities**. En algunos casos las palabras que terminan en f o fe cambian a **ve**. '**He has a wife**' [UAIF] (tiene esposa). Si en alguna ocasión necesitara decir que alquién tiene cuatro esposas, diría '**He has four wives**' [UAIVSZ].

**Ejercicio 11**

*Traduzca, fijándose bien en la ortografía:*
1  chicos, obra de teatro, valles  **(boy, play, valley)**
2  damas, familias, países  **(lady, family, country)**
3  mujeres, niños, hombres  **(woman, child, man)**
4  ¿Dónde está élla?
5  ¿Cuándo está Vd. en Londres?  **(in London)**
6  ¿Dónde están los chicos?
7  ¿Cuándo sale el próximo trén?  (próximo – **next**)
8  ¿Cómo están los chicos?
9  ¿Qué es ésto?  (ésto – **this**)
10  ¿Cómo están las patatas?

# 16 Forma interrogativa

| | | |
|---|---|---|
| **Do you work?** | **Does he work?** | ¿Trabajas? ¿Trabaja? |
| **When do you work?** | **Where does he work?** | ¿Cuándo trabaja? ¿Dónde? |
| **What does he do?** | **What do you do?** | ¿En qué trabaja? ¿Qué haces? |

La mayoría de los españoles encuentran la forma interrogativa en inglés
bastante confusa. Con el verbo be no hay problema, pero con otros verbos
hay todo tipo de complicaciones. En los ejemplos anteriores se puede ver
como se hace: intercale la palabra **do**, o, en la tercera persona singular,
**does**, delante del sujeto y el verbo. Si ésto le parece complicado, no se
preocupe, la mayoría de gente también lo encuentran complicado. Pero
aunque parezca raro, al menos no es difícil.

**Ejercicio 12**

*Complete las frases siguientes:*

| | | |
|---|---|---|
| 1 | **Where ... you come from?** | ¿De dónde vienes? |
| 2 | **When ... the next train go?** | ¿Cuándo sale el próximo tren? |
| 3 | **How much ... the tickets cost?** | ¿Cuánto cuestan los billetes? |
| 4 | **Where ... you live?** | ¿Dónde vive? |
| 5 | **... he have children?** | ¿Tiene él hijos? |
| 6 | **... you have friends in America?** | ¿Tiene Vd. amigos en América? |
| 7 | **What ... Bernard do?** | ¿En qué trabaja Bernardo? |
| 8 | **... speak Spanish?** | ¿Habla élla inglés? |
| 9 | **... the bus go?** | ¿Cuándo sale el autobús? |
| 10 | **... do that?** [DHAT] | ¿Cómo haces éso? |

## CONVERSACION

| | | |
|---|---|---|
| *George* | **Do you know Henry?** | ¿Conoces a Henry? |
| *Stan* | **No. What does he do?** | No, ¿en qué trabaja? |
| *George* | **He works in the hotel, in the bar.** | Trabaja en el bar de un hotel. |
| *Stan* | **Is he small, with big teeth?** | ¿Es bajito con dientes grandes? |
| *George* | **No, not really. He's normal. He has a sports car.** | No. Es normal. Tiene un coche deportivo. |
| *Stan* | **I'm not sure.** | No estoy seguro. |
| *George* | **Well, he has three girlfriends.** | Bueno tiene tres novias. |
| *Stan* | **Obviously.** | Lógico. |
| *George* | **What do you mean?** | ¿Qué quieres decir? |
| *Stan* | **He has a sports car.** | Que tiene un coche deportivo. |

[NOU, HOTEL, BAR, SMORL, BiG, NORMeL, SPORTS KAR, SHUR,
GERLFRENDSZ, OBVieSLi, MIN]

## 17 Adjetivos

| | |
|---|---|
| **big; a very big house** [BiG] | grande; una casa muy grande |
| **small; small children** [SMORL] | pequeño; niños pequeños |
| **good; a very good man** [GUD] | bueno; un buen hombre |
| **bad; a bad idea** [BAD] | mala; una mala idea |
| **hot; a very hot country** [JHOT] | caliente; un pais caluroso |
| **cold; cold drinks** [KOULD] | frio; bebidas frescas |

Los adjetivos siempre preceden al sustantivo, y son invariables.

**Ejercicio 13**

*Traduzca:*
1  No es muy buen hotel.
2  Tiene un coche grande y caro. (caro-**expensive**)
3  Es una buena sopa, y está caliente. (sopa-**soup**)
4  Es pequeño pero muy caro. (pero-**but**)
5  La comida esta fría pero no está mal. (comida-**lunch**)

## 18 Pronombres

| | | | |
|---|---|---|---|
| **me** [MI]  me | | **us** [AS]  nos | |
| | **you** [YU]  te, os, les, etc. | | |
| **him** [JHiM]  le | | | |
| **her** [JHER]  la | | **them** [DHEM]  les, las, los | |
| **it** [iT]  lo, la | | | |

**Ejercicio 14**

*Traduzca:*
1  **It's not good for you.**  (**for** – para)
2  **Do you know them? They know you.**  (**know** – conocer)
3  **She's very famous. You know her.**  (**famous** – famosa)
4  **It's a good drink. I like it.**  (**drink** – bebida. **like** – gustar)
5  **Ask him, or ask me.**  (**ask** – preguntar)
6  **There's a message for you.**  (**message** – mensaje)

## 19 Forma negativa

**I do not know – I don't know** [AI DOUNT NOU]  no sé
**he does not know – he doesn't know** [JHi DASZNT NOU]  no sabe

La forma negativa se forma al igual que la interrogativa, con el verbo **do**, incluyendo la forma imperativa-negativa: **Don't go/do not go** (No vayas).

En estos casos también las contracciones son normales. Reemplace la vocal con un apóstrofe para formar la contracción. Fíjese bien en los ejemplos.

## Ejercicio 15

*Complete las frases siguientes:*

| | | |
|---|---|---|
| 1 | **He ... like us.** | El no nos quiere. |
| 2 | **You ... know her.** | No la conoces. |
| 3 | **She ... have a big family.** | No tiene familia numerosa. |
| 4 | **They ... do very good work.** | No trabajan bien. |
| 5 | **... ask me.** | No me pregunte. |
| 6 | **Wait, ... go.** [UEIT] | Espera, no te vayas. |
| 7 | **The train ... here.** | El tren no para aquí. |
| 8 | **... dollars; it ...** | No cuesta 5 dólares; cuesta 8 o 10. |
| 9 | **... in the afternoon.** | No vengas por la tarde. |
| 10 | **I ...; I ...** | No soy italiano; no hablo italiano. |
| | | (¡Tenga cuidado!) |

## Ejercicio 16

*Complete el texto siguiente:*

**I come from a (1) ... town in the the south (2) ... the country. There (3) ... not very many chances for a (4) ... job there. People (5) ... want to stay, and they (6) ... to the (7) ... cities to look for work. Often, they (8) ... return.**

Vengo de una pequeña ciudad en el sur del país. No hay muchas oportunidades para encontrar buen trabajo allí. La gente no se quiere quedar, y se van a las grandes ciudades a buscar trabajo. A veces no vuelven.

[TAUN, SAUZH, KANTRi, CHANSISZ, JOB, UONT, STEI, OFEN, ReTERN]

## CONVERSACION

| | | |
|---|---|---|
| *George* | **Do you want a beer?** | ¿Quieres una cerveza? |
| *Anna* | **No. I don't like beer.** | No, no me gusta la cerveza. |
| *George* | **What do you like?** | ¿Qué te gusta? |
| *Anna* | **I don't know. Coke, orange, lemonade.** | No sé, Coca, naranjada, limonada. |
| *George* | **OK. They have orange here.** | Está bién, aquí tienen naranjada. |
| *Anna* | **Is it cold?** | ¿Está fría? |
| *George* | **How do I know?** | ¿Cómo lo voy a saber? |
| *Anna* | **Well, ask the waiter.** | Bueno, pregúntale al camarero. |
| *George* | **You ask him.** | Tú le preguntas. |
| *Anna* | **I don't speak Italian.** | No hablo italiano. |

[KOUK, OReNG, LEMeNEID, UEITER]

# Lección 2

## 20 Números cardinales

| | | | | |
|---|---|---|---|---|
| 11 | eleven [eLEVeN] | 16 | sixteen [SIKSTIN] |
| 12 | twelve [TUELV] | 17 | seventeen [SEVeNTIN] |
| 13 | thirteen [ZHERTIN] | 18 | eighteen [EITIN] |
| 14 | fourteen [FORTIN] | 19 | nineteen [NAINTIN] |
| 15 | fifteen [FIFTIN] | 20 | twenty [TUENTI] |

**Ejercicio 17**

*Practique los siguientes números:*

| | | | |
|---|---|---|---|
| 1 | 20.15 train | The train goes at eight fifteen. | El tren sale a las 08.15. |
| 2 | 12.15 plane | The plane ... | El avión sale a las 12.15. |
| 3 | 10.13 bus | The ... | El autobús ... |
| 4 | 11.20 train | ... | |
| 5 | 13.18 bus | ... | |
| 6 | 14.14 train | ... | |

## 21 will, can

| | |
|---|---|
| **She can speak English.** [KAEN, o KeN] | Ella sabe hablar inglés. |
| **Can you help me?** [KeN YU JHELP Mi?] | ¿Puede ayudarme? |
| **He can't (cannot) be here tomorrow.** [TeMOROU] | Mañana no puede estar aquí. |
| **Will I see you tomorrow?** [UIL, SI] | ¿Te veré mañana? |
| **Will you give me fifteen dollars?** [GIV, DOLerS] | ¿Me darás quince dólares? |
| **The waiter will come in a moment.** [KAM, MOUMeNT] | El camarero vendrá en un momento. |
| **I won't (will not) be here Monday.** [UONT] | No estaré aquí el lunes. |
| **He'll (he will) help you.** | El te ayudará. |
| **He won't (he will not) help you.** | El no te ayudará. |

Como puede ver, **will** expresa el tiempo futuro, y **can** poder. Estos son miembros de un grupo muy pequeño de verbos irregulares anormales, llamados así porque no añaden la s en la tercera persona, ni la partícula **do** en la forma interrogativa ni en la negativa. No crea por ésto que otros verbos actúan de la misma forma.

Como vé, ambos verbos son anormales. Muchos estudiantes odian los verbos anormales, pero debe perseverar. Las formas completas son simplemente para hacer énfasis, ó, en programas de television, para mostrar que el interlocutor es extranjero o un robot.

Quizás encuentre en una gramática antigua que 'will' no se usa con la primera persona. No haga caso. Las frases siguientes son correctas en el inglés corriente.

### Ejercicio 18

*Complete las siguientes frases usando la forma anormale:*

| | | |
|---|---|---|
| 1 | ... see you on **Monday.** | Te veré el lunes. |
| 2 | ... believe this, but... [BeLIV] | No creerás ésto, pero ... |
| 3 | I think ... have problems. [PROBLeMSH] | Creo que tendrá problemas. |
| 4 | ... be trouble. [TRABeL] | Habrá problemas. |
| 5 | ... be in Rome on Friday. [FRAIDEI] | No estará en Roma el viernes. |

### Ejercicio 19

*Traduzca:*
1 **Good morning. Can I help you?**
2 **I'll be in the house at eleven fifteen.**
3 **Do you think you'll go?**
4 **It's very hot. I can't drink it.**
5 **It won't cost ten dollars; it'll cost twenty.**
6 **I don't want this. You can have it.**
7 **There'll be twelve of us.**
8 **I don't like tea. I'll have a coffee.**

### CONVERSACION

| | | |
|---|---|---|
| *Waiter* | **Good afternoon. Can I help you?** | Buenas tardes, ¿que desea? |
| *Sarah* | **Yes, please. I'll have a coffee and a sandwich.** | Si por favor, un café y un bocadillo. |
| *Waiter* | **A cheese sandwich?** | ¿Un bocadillo de queso? |
| *Sarah* | **No, I don't like cheese. I'll have a ham sandwich.** | No, no me gusta el queso. Uno de jamón. |
| *Waiter* | **Sorry.** | Lo siento. |
| *Sarah* | **What's the problem?** | ¿Qué pasa? |

→

| | | | |
|---|---|---|---|
| *Waiter* | **You can't have ham, it's finished.** | No puede ser de jamón, se ha terminado. |
| *Sarah* | **OK. I'll just have a coffee.** | Muy bién, un café solamente. |
| | [CHISZ, SAENDWeTCH, SORi] | |

## 22 here (aqui), there (allí), this (este), that (ese/aquel)

| here | **Come here.** [JHIER] | aquí | Venid aqui. |
|---|---|---|---|
| | **Here are the boys.** | | Aqui están los chicos. |
| there | **Go there.** [DHEAR] | allí | Ve allí. |
| | **There is the taxi.** | | Allí está el taxi. |
| this | **this man** [DHiS] | | este hombre |
| | **these men** [DHISZ] | | estos hombres |
| that | **that man** [DHAET] | | ese/aquel hombre |
| | **those men** [DHOUSZ] | | esos/aquellos hombres |

**This/that** son los únicos adjectivos en inglés con forma plural. También traducen los pronombres éso/ésto, y éste/aquel.

### Ejercicio 20

*Traduzca:*
1  **I don't like these tomatoes. I'll take those.** (like – gustar)
2  **This is Catherine. She lives here.**
3  **I don't understand. What does that mean?**  (mean – significar)
4  **How do you say this in English?**  (say – decir)
5  **These days, it's very busy here.**  (busy – animado)
6  **Don't go that way. Go this way.**  (way – camino)
7  **I won't be here this evening.**
8  **Can you help these two girls?**  (girl – chica)
9  **That's not correct.**
10  **You can't get there by train.**  (get – llegar; by – por)

El verbo **get** (llegar, llegar a ser, conseguir) no tiene problema, se usa tanto que a veces es difícil comprender su significado.

### Ejercicio 21

*Traduzca estas frases usando* **get**:
1  Gana $20 a la hora. (a la hora – **an hour**)
2  Te traeré una cerveza.
3  No te entusiasmes. (entusiasmes – **excited**)
4  ¿Puede alguién traer aqui un bocadillo?
5  Esta ciudad se aglomera mucho. (aglomera – **crowded**)
6  No puedes llegar al aeropuerto por ese camino. (aeropuerto – **airport**)

## 24 Posesivos

| | | | |
|---|---|---|---|
| **my** [MAI] | mi/mis | **our** [AUR] | nuestro/s, nuestra/s |
| **your** [YOR] | tu/s, suyo/s, vuestro/s | | |
| **his** [JHISZ] | su/sus (masculino) | | |
| **her** [JHER] | su/sus (femenino) | **their** [DHEAR] | su/sus (de éllos) |
| **its** [ITS] | su/sus (neutro) | | |

**his mother, his parents** [PEAReNTS]   Su madre, sus padres (de él)
**She won't tell me her name.** [NEIM]   Ella no me va a decir su nombre.

No es difícil pero tenga cuidado con el género de **his, her** y **its**.

### Ejercicio 22

*Traduzca:*
1   ¿Cómo te llamas?
2   No me llamo Alfonso.
3   Ahí está su padre. [de élla] [padre – **father**]
4   Es su idea. [de él] [idea –**idea**]
5   Déme mi abrigo, por favor. [dar – **give**]
6   ¿Puedes darme su dirección? [masculino] [dirección – **address**]

### Ejercicio 23

*Complete el texto:*

I (1) ... know her very well. She is
(2) ... attractive girl, of maybe (3) ...
or eighteen. She wants to get a job
in Germany. (5) ... sister lives there.
Her parents (6) ... let her go. '(7) ...
too young, ' they say. 'You (8) ...
leave home. '
[eTRAEKTeV, MEIBI, DYERMeNI, LET, LIV]

No la conozco muy bien. Es una
chica atractiva, de unos 17 o 18
años. Quiere encontrar trabajo en
Alemania. Su hermana vive allí.
Sus padres no la dejan ir 'Eres
demasiado jóven', dicen. 'No
puedes irte de casa'.

### CONVERSACION

| | | |
|---|---|---|
| *Val* | Where's my cheque book? | ¿Dónde está mi talonario de cheques? |
| *Sue* | I don't know. | No sé. |
| *Val* | Is it in there? | ¿Está ahí? |
| *Sue* | I can't see it. | No lo veo. |
| *Val* | I can't go without my cheque book. | No puedo salir sin mi talonario de cheques. |
| *Sue* | Look in your bag. | Mira en tu bolso. |
| *Val* | Don't be silly. It's not there. | No seas tonta. No está ahí. |
| *Sue* | Well, I can't help you. | Bueno no puedo ayudarte. |

[CHEK, BuK, LuK, BAEG, SiLi]

## 24 always, often, etc.

| | |
|---|---|
| **always** [ORLOUEISZ] | siempre |
| **often** [OFEN] | a menudo |
| **sometimes** [SAMTAIMSZ] | a veces |
| **never** [NEVeR] | nunca |

### Ejercicio 24

*Complete:*

| | | |
|---|---|---|
| 1 | **He ... goes there on Sundays.** | A menudo va allí los domingos. |
| 2 | **They're ... late.** | A veces llegan tarde. |
| 3 | **You can ... telephone me.** | Siempre puedes llamarme. |
| 4 | **You ... know.** | Nunca se sabe. |
| 5 | **It's ... cold here.** | A veces aqui hace frio. |
| 6 | **I ... see him in the road.** | A menudo le veo en la calle. |
| 7 | **He'll ... say 'Yes'.** | Nunca dirá que 'sí'. |

## 25 -ing

| | | |
|---|---|---|
| work | **I don't like working.** | No me gusta trabajar. |
| do | **I like doing nothing.** | Me gusta hacer nada. |
| speak | **Speaking English is easy.** | Hablar inglés es fácil. |
| swim | **Swimming can be fun.** | Nadar puede ser divertido. |
| live | **She doesn't like living there.** | A élla no le gusta vivir ahí. |

Es mejor que se acostumbre a la terminación **ing** ya que es muy común. Puede traducir el infinitivo o el gerundio. Hay algunas reglas que hay que tener en cuenta. Verbos que terminan en e la pierden: **live/living, have/having**. Verbos que terminan en vocal seguida de consonante, doblan la consonante: **swim/swimming, get/getting**.

### Ejercicio 25

*Escriba la forma* **-ing** *de estos verbos:*

| | | |
|---|---|---|
| 1 | **be, go, understand** | ser/estar, ir, comprender |
| 2 | **come, give, like** | venir, dar, gustar |
| 3 | **wait, cost, want** | esperar, costar, querer |
| 4 | **stop, shut, sit** | parar, cerrar, sentar |

# 26 Preposiciones

| | | | |
|---|---|---|---|
| **for** | por/para | **at** | a |
| **to** | a | **from** | desde |
| **of** | de | **with** | con |
| **in** | en | **about** | alrededor/acerca |

*Complete:*

| | | |
|---|---|---|
| 1 | **Wait for ...** | Espérame. |
| 2 | **... do it for you.** | Lo haré por tí. |
| 3 | **at the end ... the ...** | al final del día. |
| 4 | **The road ... ... Milan to Rome** | La carretera va de Milán a Roma. |
| 5 | **... that to me.** | Dame éso. |
| 6 | **There's a lot of ...** | Hay mucha gente. |
| 7 | **Come ... me.** | Ven conmigo. |
| 8 | **It's ... the ...** | Está en la casa. |
| 9 | **He's about ...** | Tiene unos 18 años. |

## Ejercicio 27

*Complete con el verbo necesario:*

| | | |
|---|---|---|
| 1 | **Thank you for (come).** | Gracias por venir. |
| 2 | **He's not good at (sit) and (wait).** | No le gusta esperar sentado. |
| 3 | **In (say) that, you say everything.** | Diciendo éso, dice todo. |
| 4 | **Stop him from (go).** | No le dejes que vaya. |
| 5 | **It's a question of (stop) him.** | Es cuestión de pararle. |

## CONVERSACION

| | | |
|---|---|---|
| *Pat* | **Do you go to Nero's?** | ¿Vas a Nerón? |
| *Les* | **Sometimes.** | A veces |
| *Pat* | **Is it good?** | ¿Está bién? |
| *Les* | **It can be OK. The music's often good.** | No está mal, la música a menudo. está bién. |
| *Pat* | **What about going there this evening?** | ¿Qué tal si vamos allí esta tarde? |
| *Les* | **What's today? Friday?** | ¿Qué es hoy? ¿viernes? |
| *Pat* | **That's right.** | Sí. |
| *Les* | **It often gets very crowded. There's no question of getting a seat.** | A veces está muy aglomerado. Ni pensar en conseguir un asiento. |
| *Pat* | **We can always go and see.** | Siempre podemos ir a ver. |
| *Les* | **OK.** | De acuerdo. |

[MiUSZIK, UOT, eBAUT, TeDEI, KUESCHeN, SIT]

## 27 be -ing

| | |
|---|---|
| I'm going. | Voy a ver. |
| He's not working. | No trabaja. |
| Are they coming? | ¿Van a venir? |

### Ejercicio 28

*Complete, usando el verbo* **be** *con la terminación* -ing:

| | | |
|---|---|---|
| 1 | ... (go) to Los Angeles on Monday. | Voy a Los Angeles el lunes. |
| 2 | ... (play) tennis tomorrow. | No voy a jugar al tenis mañana. |
| 3 | ... (work) next week? | ¿Vas a trabajar la próxima semana? |
| 4 | ... (do) our shopping ... | Vamos a hacer la compra mañana. |
| 5 | ... (leave) for Japan. | Ella se marcha al Japón. |
| 6 | ... (leave) in two minutes. | El tren sale en dos minutos. |

Esta forma a veces indica algo futuro pero también traduce el gerundio español. **What's happening?** – ¿Qué pasa?

| | | |
|---|---|---|
| 7 | Don't disturb him, ... | No le molestes, está trabajando. |
| 8 | ... in a hotel. | Viven en un hotel. (vivir – **live**) |
| 9 | The boss ... for you. | El jefe te espera. (esperar – **wait**) |
| 10 | Stop talking, ... | Deja de hablar, estoy pensando. (pensar – **think**) |
| 11 | I won't be long, ... | No tardo mucho, me estoy cambiando. |

Note como en inglés debe poner el pronombre: no, 'estoy', sino 'yo estoy'; no, 'trabaja' sino 'él trabaja'. Si no pone el pronombre suena primitivo.

## 28 Profesiones

Tome nota que en inglés se antepone el artículo indefinido delante de las profesiones: **He's an architect** [ARKeTEKT]. 'Es arquitecto'.

### Ejercicio 29

*Complete las frases con el artículo:*

| | | |
|---|---|---|
| 1 | I'm ... | So estudiante. (estudiante – **student**) |
| 2 | Her ... | Su padre es médico. (médico – **doctor**) |
| 3 | He likes ... | Le gusta ser arquitécto. |
| 4 | Miguel's ... | Miguel es policía. (policía – **policeman**) |

## 29 Colores

| | | |
|---|---|---|
| red | [RED] | rojo |
| white | [UAIT] | blanco |
| yellow | [IELOU] | amarillo |
| black | [BLAEK] | negro |
| green, light green | [GRIN, LAIT GRIN] | verde, verde claro |
| brown, light brown | [BRAUN] | marrón, marrón claro |
| blue, dark blue | [BLU, DARK BLU] | azul, azul obscuro |

### Ejercicio 30

*Traduzca:*

1 The President lives in the White House.
2 She's driving a red car.   (**drive** – conducir)
3 I don't eat green bananas.   (**eat** – comer)
4 He's wearing a yellow and brown top.   (**wear** – llevar; **top** – camisa)
5 He has blue eyes.   (**eye** – ojo)
6 His brother has black hair.   (**brother** – hermano; **hair** – pelo)

### Ejercicio 31

*Complete el texto siguiente:*

He has long (1) ... hair and dark (2) ... eyes. He's a student. (3) ... studying psychology (4) ... education at a college in Boston. But at present he's (5) ... in a restaurant in the (6) ... . (7) ... trying to save some money.

Tiene pelo largo y negro y ojos castaños. Es estudiante. Está estudiando sicología y educación en un Colegio Mayor en Boston. Pero de momento trabaja en un restaurante por las tardes. Tratando de ahorrar algo de dinero.

### CONVERSACION

| | | |
|---|---|---|
| *Lester* | **What do you do?** | ¿Qué haces? |
| *Chris* | **I'm an engineer.** | Soy ingeniero. |
| *Lester* | **What? In a white coat?** | ¿Qué? ¿Con una bata blanca? |
| *Chris* | **Yes, I Sometimes wear a white coat.** | Sí, a veces llevo una bata blanca. |
| *Lester* | **Is it interesting?** | ¿Es interesante? |
| *Chris* | **It's a job. They pay me. What do you do?** | Es un trabajo. Me pagan. Qué haces tú? |
| Lester | **I'm working in a bank, but I'm thinking of changing.** | Trabajo en un banco, pero pienso cambiarme. |
| *Chris* | **To what?** | ¿A qué? |
| *Lester* | **I don't know. Maybe TV or radio.** | No sé, quizás radio o televisión. |

## 30 some, every

| some [SAM] | únos | every [EVRI] | cada |
| someone [SAMUAN] | alguien | everyone [EVRIUAN] | todo el mundo |
| something [SAMZHING] | algo | everything [EVRIZHING] | todo |
| somewhere [SAMUAIR] | en algún sitio | everywhere [EVRIUAIR] | todas partes |

**Ejercicio 32**

*Complete:*
1 **There's ... at the door.**    Alguien llama a la puerta.
2 **... knows ...**    Todo el mundo lo sabe.
3 **I ... ... to eat.**    Quiero algo para comer.
4 **... ... is ... old.**    Todo ahí es muy viejo.
5 **He ... ... American money.**    Tiene algún dinero americano.
6 **I go there ... ... ...**    Voy allí cada día.
7 **She ... ... in Spain.**    Vive en algún sitio en España.
8 **... the same ...**    Es lo mismo en todas partes.

## 31 Preposiciones

**He lives in France, in Paris, in a good district, in the rue Marc, at number 23.**    Vive en Francia, en Paris, en un buen barrio, en el número 23 de la calle Marc.

**At** es sólo para algo específico. A veces oirá decir a alguien **He lives at Zurich**. Será un Londinense, quizás, o un Neoyorkino, para quien cualquier cosa fuera de su ciudad es meramente un lugar en el mapa, probablemente un establo. En este caso ésto queda a la elección del locutor:

**I'll meet you at London airport.** o:    **I'll meet you in London airport.**

Las dos preposiciones tiene el mismo sentido cuando se aplican a tiempo. **In** es para período de tiempo, como 'en'. **At** es para indicar un rato, como 'a'. Todo el que hable inglés estará de acuerdo cual es cual.

**in the morning, in June, in 1997**    Por la mañana, en Junio, en 1997
**at lunch-time, at 8.35**    al mediodía, a las 8.35

**Ejercicio 33**

*Practique los siguiente;* **at** o **in**?

1  ... **the USSR.**
2  ... **my house.**
3  **New York.**
4  ... **the afternoon.**

5  ... **the end of the day.**
6  ... **the 19th century. (century** – siglo)
7  ... **seven o'clock.**

**On** que normalmente quiere decir sobre, por una razón desconocida se usa con los días de la semana e igualmente con fechas como el 1 de Julio, etc. y también con fechas como cumpleaños, días de paga o Navidades.

| | | |
|---|---|---|
| 8 | **I'll see you ... Monday.** | Te veo el lunes. |
| 9 | **The store closes ... nine o'clock.** | La tienda cierra a las nueve en punto. |
| 10 | **I go ... eight ... the morning.** | Me marcho a las ocho de la mañana. |
| 11 | **... Arab countries they work ... Sundays.** | En los países árabes trabajan los domingos. |
| 12 | **Can you ask Anna ... Monday morning?** | ¿Puedes preguntarle a Ana el lunes por la mañana? |
| 13 | **Come ... ten-fifteen ... Friday.** | Ven a las diez y cuarto el viernes. |

## 32 much (mucho)

| | |
|---|---|
| **not much** [NOT MATCH] | No mucho |
| **very much** [VERI MATCH] | Muchísimo |
| **too much** [TU MATCH] | Demasiado |

**Ejercicio 34**

*Traduzca:*
1  **He doesn't know very much.**  (**know** – saber)
2  **Do you like it? Not much.**  (**like** – gustar)
3  **It costs too much.**  (**cost** – costar)
4  **I speak some Italian, but not much.**  (**speak** – hablar)
5  **Thank you very much.**

CONVERSACION

| | | |
|---|---|---|
| *Julia* | **How much is it?** | ¿Cuánto cuesta? |
| *Cathy* | **I don't know. About a hundred dollars, I think.** | No sé, unos cien dólares, creo. |
| *Julia* | **That's very expensive.** | Eso es muy caro. |
| *Cathy* | **Everything's expensive.** | Todo es caro. |
| *Julia* | **Is a hundred dollars OK for you?** | ¿Está bien cien dólares para tí? |
| *Cathy* | **No, but I'm working. I'll have some money at the end of the week, on Friday.** | No, pero trabajo. Tendré dinero al final de semana, el viernes. |
| *Julia* | **I think it's too much.** | Creo que es demasiado. |

## 33 one, ones

| | |
|---|---|
| **Not the black one, the white one.** | No el negro, el blanco. |
| **Not the black ones, the white ones.** | No los negros, los blancos. |

**Ejercicio 35**

*Traduzca:*
1  **How much are the green ones?**
2  **The red ones are very expensive. (expensive – caro)**
3  **I prefer the big blue ones.**
4  **I don't want a big one; I'll have a small one. (small – pequeño)**

## 34 other (otro)

| | |
|---|---|
| **other** [ADHer] | otro |
| **another** [eNADHer] | otro más |
| **Do you want anther one?** | Despues de un café: '¿Quiere más?' |
| **the same** [SEIM] | el mismo |
| **different** [DiFReNT] | diferente |

**Ejercicio 36**

*Traduzcaz:*
1  **He has a sister in America and another in Japan.  (sister – hermana)**
2  **You can come at the same time.  (time – tiempo)**
3  **I don't want that. I'll have the other one.  (want – querer)**
4  **I'll have another coffee, please.**
5  **There are only six here. Where are the others?  (only – sólo)**
6  **It's not the same here.**

## 35 would like

| | |
|---|---|
| **I'd (I would) like a beer please.** | Me apetece una cerveza, por favor |

Esta forma un poco rara se emplea mucho. Es menos brusca que **I want a beer**, o **Give me a beer**. Fíjese en estos ejemplos. Note la forma completa y la interrogación y negación.

| | |
|---|---|
| **She'd like a ticket to Madrid.** | Quiere un billete para Madrid. |
| **I wouldn't like to go there.** | No quiero ir allí. |
| **Would you like a drink?** | ¿Te apetece algo de beber? |
| **My friend would like to say 'Hello'.** | Mi amigo quiere saludarle. |

Note la diferencia entre **Do you like coffee?** (¿le gusta el café?) y **Would you like a coffee?** (¿Le apetece un café?).

**Ejercicio 37**

*Complete con* **would like:**

| | |
|---|---|
| 1 ... a salad, please. | Me apetece una ensalada, por favor. |
| 2 Where ...? | ¿Dónde le apetece ir? |
| 3 I ... | Me gustaría ser él. |
| 4 ... a glass of wine? | ¿Te apetece un vaso de vino? |
| 5 ... there at ten o'clock. | Quisiera estar allí a las diez. |
| 6 ... to hear that. | A tu padre no le gustará oir éso. |
| 7 ... a beer? | ¿Le apetece a tu amigo una cerveza? |

## 36 Interrrogaciones

| | |
|---|---|
| **Who?** [JHU] | ¿Quién? |
| **What?** [UAOT] | ¿Qué? |
| **Why?** [UAI] | ¿Porqué? |
| **What's the difference?** | ¿Quál es la diferencia? |
| **Who's your friend?** | ¿Quién es tu amigo? |
| **Why not?** | ¿Porqué no? |

**Ejercicio 38**

*Complete:*

| | |
|---|---|
| 1 ... that? | ¿Qué es éso? |
| 2 ... waiting? | ¿Porqué estamos esperando? |
| 3 ... the time? | ¿Qué hora es? |
| 4 ... so cold? | ¿Porqué hace tanto frio? |
| 5 ... the manager here? | ¿Porqué está aquí el jefe? |
| 6 ... doing? | ¿Qué haces? |

### CONVERSACION

| | | |
|---|---|---|
| *Sue* | **What are you doing?** | ¿Qué haces? |
| *Charles* | **I'm watching German TV.** | Estoy viendo la televisión alemana. |
| *Sue* | **That's Danish.** | Esa es danesa. |
| *Charles* | **Is it? Well, it's the same.** | ¿Sí? Bueno es lo mismo. |
| *Sue* | **It's not.** | No lo son. |
| Charles | **They are not very different.** | No son muy diferentes. |
| *Sue* | **Why are you watching Danish TV.** | ¿Porqué estás viendo la televisión danesa? |
| *Charles* | **Why not?** | ¿Porqué no? |
| *Sue* | **Sometimes I'd like to kick you.** | A veces me dan ganas de pegarte. |
| *Charles* | **What's wrong with you?** | ¿Qué te pasa? |

# Lección 3

## 37 was, were

**be** tiene dos formas en el pasado, las dos diferentes del presente; apréndalas bien:

**I was**    [AI UOSZ]           **we were**    [UI UAIR]

        **you were**

**X was**                             **they were**

Se usa para traducir el pretérito imperfecto, perfecto e indefinido. Sigue la misma regla que el presente para conjugar interrogaciones o negaciones. La forma negativa se contrae a **wasn't/weren't**.

### Ejercico 39

*Complete:*

1  **He ... a very famous man.**      Fué muy famoso.
2  **... you in the hotel last night?**      ¿Estabas en el hotel anoche?
3  **I ... here.**      Estaba aquí.
4  **How ... your husband?**      ¿Cómo estaba tu marido?
5  **There ... two men in the car.**      Había dos hombres en el coche.
6  **I ... born in Canada.**      Nací en Canadá.
7  **Where ... you born?**      ¿Dónde naciste tú?
8  **... there many people there?**      ¿Había mucha gente?
9  **It ... a very serious accident.**      Fué un accidente grave.
10  **We ... good friends at school.**      Eramos buenos amigos en el colegio.

## 38 Números cardinales

| | | | | |
|---|---|---|---|---|
| 21 | **twenty-one** | | 22 | **twenty-two** |
| 30 | **thirty** [THIRTi] | | 34 | **thirty-four** |
| 40 | **forty** [FORTi] | | 47 | **forty-seven** |
| 50 | **fifty** [FIFTi] | | 56 | **fifty-six** |
| 60 | **sixty** [SiKSTi] | | 68 | **sixty-eight** |
| 70 | **seventy** [SEVeNTi] | | 73 | **seventy-three** |
| 80 | **eighty** [EITi] | | 85 | **eighty-five** |
| 90 | **ninety** [NAINTi] | | 99 | **ninety-nine** |
| 100 | **a hundred** [JHANDReD] | | | |

**Ejercicio 40**

*Lea en alto o escriba:*

|   | $22.50 | **twenty-two dollars fifty** |
|---|--------|------------------------------|
| 1 | Pta.64.00 | ... **pesetas** |
| 2 | $53.25 | ... **dollars** ... |
| 3 | FS37.00 | ... **Swiss francs** |
| 4 | ¥45.00 | ... **yen** |
| 5 | £81.00 | ... **pounds** |
| 6 | £23.75 | ... **pounds** ... |
| 7 | $79.66 | ... |
| 8 | £95.00 | ... |
| 9 | $100 | ... |

## 39 all

| | |
|---|---|
| **All day and night.** [ORL] | Todo el día y toda la noche. |
| **All my friends were there.** | Todos mis amigos estaban allí. |
| **That's all.** | Eso es todo. |

¿Fácil, verdad?

## 40 a little, a bit (un poco)

| | |
|---|---|
| **It looks a bit dangerous.** | Parece un poco peligroso. |
| **I'm getting a little cold.** | Me estoy quedando un poco frio. |
| **Do you speak English? Yes, a bit/ a little.** | ¿Hablas inglés? Si, un poco. |

Estas dos formas son muy corrientes, quieren decir lo mismo.

CONVERSACION

| | | |
|---|---|---|
| *Les* | **How was your weekend?** | ¿Que tal te fué el fin de semana? |
| *Pat* | **Terrible.** | Horrible. |
| *Les* | **What was wrong?** | ¿Que pasó? |
| *Pat* | **Saturday was boring, and I was sick all day Sunday.** | El sábado fué aburrido, y estuve enfermo todo el domingo. |
| *Les* | **Yes. You look a bit pale. There's a lot of flu about.** | Si, estás un poco pálido. Hay mucha gripe. |
| *Pat* | **It wasn't flu.** | No fué gripe. |
| *Les* | **No? What was it?** | ¿Nó? ¿Que fué? |
| *Pat* | **Food poisoning, I think.** | Envenenamiento, creo. |

## 41 Números cardinales

| | |
|---|---|
| 135 | a hundred (and) thirty-five |
| 250 | two hundred (and) fifty |
| 301 | three hundred (and) one, three oh one |
| 499 | four hundred (and) ninety-nine |
| 500 | five hundred |
| 1,000 | a thousand |
| 1,600 | one thousand six hundred; sixteen hundred |
| 3,700 | three thousand seven hundred; thirty-seven hundred |
| 12,000 | twelve thousand |
| 1,000,000 | a million |
| 2,000,000 | two million |

Los ingleses prefieren decir **two hundred and twenty,** los americanos prefieren decir **two hundred twenty.** Esto no tiene importancia.

### Ejercicio 41

*Practique estos números:*
1 295 ...
2 1,900 ...
3 110,000 ...
4 55,000 ...
5 999 ...
6 830 ...
7 3,000,000 ...
8 6,500 ...

## 42 that (que)

| | |
|---|---|
| I'm sure that you're right. | Estoy seguro que tienes razón. |
| I'm sure you're right. | Estoy seguro que tienes razón. |
| I think (that) that's all. | Creo que éso es todo. |
| He says (that) he's under thirty. | Dice que áun no tiene treinta años. |

Si lo prefiere, puede traducir 'que' por **that** pero los ingleses normalmente no lo usan.

### Ejercicio 42

*Traduzca:*
1 **I'm sure it was in your room yesterday.** (room – habitación, **yesterday** – ayer)
2 **They say there were over a million people there.** (over – mas de)
3 **He says it costs a little over four hundred dollars.**
4 **Do you think it was difficult?** (difficult – difícil)
5 **I don't think she was born in Spain.**

# 43 Preposiciones

| | | |
|---|---|---|
| in | It's in the street. | Está afuera. |
| into | We'll go into the supermarket. | Vamos al supermercado. |
| out | Take it out of the room. | Sácalo de la habitación. |
| around | You can walk around the church. | Puedes andar por la iglesia. |
| through | Look through the window. | Mira por al ventana. |
| under | Put it under the table. | Ponlo debajo de la mesa. |
| over | There's a bridge over the river. | Hay un puente sobre el rio. |

### Ejercicio 43

*Complete:*

| | | |
|---|---|---|
| 1 | They're coming ... | Estan saliendo de la casa. |
| 2 | I'll put it ... | Lo llevaré a mi habitación. |
| 3 | ... the park. | Pasearemos por el parque. |
| 4 | The road ... the forest, and ... mountains | La carretera pasa por el bosque y sobre las montañas. |
| 5 | Take the table ... | Pon la mesa debajo de la ventana. |
| 6 | The river ... the town. | El rio pasa por la ciudad. |
| 7 | The bus takes you ... | El autobús le lleva a la ciudad. |
| 8 | You can ... | Puedes andar sobre el puente. |
| 9 | I say he's ... twenty-eight. | Digo que tiene 28 años. |
| 10 | He's ... twenty-five, but ... thirty. | Tiene mas de 25 años, pero menos de 30. |

### CONVERSACION

| | | |
|---|---|---|
| *Nancy* | Who's this, in the photograph? | ¿Quién es éste en la fotografía? |
| *Sandy* | That's me. | Soy yo. |
| *Nancy* | Really? How old were you? | ¿De veras? ¿Qué edad tenías? |
| *Sandy* | I was about ten or eleven. | Tenía diez o once años. |
| *Nancy* | You're going into a tent. | Estás entrando en un tienda de campaña. |
| *Sandy* | Yes, we were at a camping site. | Sí, estábamos en un camping. |
| *Nancy* | Your hair was darker then. I mean you're blonde now. | Tenías el pelo más obscuro, quiero decir que ahora lo tienes rubio. |
| *Sandy* | Oh, that comes out of a bottle. | Ah, éste es teñido. |

## 44 El pasado

| I worked [WERKT] | we worked |
|---|---|
| you worked | |
| X worked | they worked |

Para formar el pasado simplemente se añade **-d** ó **-ed** al presente. Antes de que piense que ésto es facilísimo, diciendo 'el inglés es ridículamente fácil', hay algunos verbos irregulares que debe aprender, y, como de costumbre, hay reglas de pronunciación y de ortografía:

| **happen** | (suceder) | **happened** [JHAEPeND] |
|---|---|---|
| **live** | (vivir) | **lived** [LIVD] |
| **ask** | (pedir) | **asked** [ASKT] |
| **stop** | (parar) | **stopped** [STOPT] |
| **want** | (querer) | **wanted** [WONTiD] |
| **end** | (terminar) | **ended** [ENDiD] |

Los españoles tienden a pronunciar [iD] por **-ed**, pero es más similar a la regla de pronunciación de la **-s**. En la mayoría de los casos se pronuncia [D]. Se ponuncia [T] después de las consonantes fuertes p/t/f etc. Se pronuncia [iD] en los verbos que terminan en **-t** o **-d**. Las reglas de pronunciación son las mismas que para la terminación **-s**. Los verbos que terminan en **-y** cambian a **-ie** también, pero nó si la **-y** va precedida de vocal.

| **try** | (tratar) | **tried** |
|---|---|---|
| **study** | (estudiar) | **studied** |
| **stay** | (quedarse) | **stayed** |
| **prepare** | (preparar) | **prepared** |
| **invite** | (invitar) | **invited** |
| **free** | (liberar) | **freed** |

Los verbos que terminan en **-e** sólo añaden una **d**. Fíjese en los siguientes:

| **stop** | (parar) | **stopped** [STOPT] |
|---|---|---|
| **hope** | (esperar) | **hoped** [JHOUPT] |
| **permit** | (permitir) | **permitted** [PERMiTiD] |

En algunas palabras se dobla la consonante final, ésto se hace para indicar la pronunciación. La letra doble indica una vocal corta. Estudie los ejemplos anteriores y vea como funcionan las consonantes dobles. Los niños ingleses al aprender a hablar a veces se les acostumbra a pensar en **the magic e** ('la e mágica'), la cual no suena pero actúa sobre el sonido de la vocal anterior. Pero si está dos letras antes entonces pierde su influencia, así, **hoped** [JHOUPT] pero **stopped** [STOPT]; **taped** [TEIPT] pero **tapped** [TAPT]; **smiled** [SMAILD] pero **filled** [FiLD]. En realidad muchos ingleses no saben deletrear.

**Ejercicio 44**

*Complete:*

| | |
|---|---|
| 1  The concert ... | El concierto terminó a las 10.30. |
| 2  We ... a bus. | Tratábamos de coger un autobús. |
| | (coger – **get**) |
| 3  But ... | Pero era demasiado tarde. |
| | (demasiado tarde – **too late**) |
| 4  We ... | Parábamos un taxi. |
| 5  Do ... | ¿Sabe lo que pasó? |
| 6  He ... | Se negó a llevarnos. (negarse – **refuse**; llevar – **take**) |

## 45 more (más)

| | |
|---|---|
| **more** [MOR] | más |
| **more than** [MOR DH'N] | más que/más de |
| **no more** [NOU MOR] | ya no más |
| **some more** [SAM MOR] | algo más |
| **Would you like more coffee?** | ¿Le apetece más café? |
| **There were more than a thousand people.** | Había más de mil personas. |
| **No more for me, thanks.** | Ya no más para mí, gracias. |
| **It's delicious. Can I have some more?** | Es delicioso, ¿me dás algo más? |

CONVERSACION

| | | |
|---|---|---|
| *Pat* | **Sorry I'm late.** | Siento llegar tarde. |
| *Diane* | **That's OK.** | No importa. |
| *Pat* | **My car isn't working.** | Mi coche se ha estropeado. |
| *Diane* | **I know the feeling. What's wrong?** | Ya sé como sienta, ¿que le pasa? |
| *Pat* | **I don't know. It started all right, and then it just stopped.** | No sé. Arrancó muy bien y después se paró de repente. |
| *Diane* | **What happened?** | ¿Que pasó? |
| *Pat* | **The engine just stopped.** | El motor de repente se paró. |
| *Diane* | **I don't know much about cars.** | Yo no sé mucho de coches. |
| *Pat* | **Well, I phoned my brother. He knows a lot about engines. Well, he knows more than me.** | Bueno, he llamado a mi hermano. El sabe mucho sobre coches. Bueno él sabe más que yo. |

## 46 Dias de la semana

| | | | |
|---|---|---|---|
| **Monday** [MANDI] | lunes | **Friday** [FRAIDI] | viernes |
| **Tuesday** [TIUSZDI] | martes | **Saturday** [SAET'DI] | sábado |
| **Wednesday** [WENSDI] | miércoles | **Sunday** [SANDI] | domingo |
| **Thursday** [THERSZDI] | jueves | | |

### Ejercicio 45

*Complete:*

1 **I'll see you again on ...** — Te veré de nuevo el miércoles.
2 **We arrived ...** — Llegábamos el sábado.
3 **It was very cold and wet ...** — Hacía frío y estaba húmedo el martes.
4 **It rained all day ...** — Llovió todo el día el domingo.
5 **I'm starting my new job ...** — Empiezo mi nuevo trabajo el lunes.

## 47 must (deber, tener que)

**I must go now.** [MAST]  Debo/tengo que irme ahora.

### Ejercicio 46

*Traduzca:*

1 **Must you go?**
2 **She mustn't be late.**  (late – tarde)
3 **Your mother mustn't know about it.**  (know about – saber)
4 **You mustn't tell her.**  (tell – decir)

**must/must not (mustn't** es la contracción) es el próximo verbo en la lista de anormales, anormal en la forma que no añade s en la tercera persona, y no emplea las formas **do** en la forma interrogativa o negativa. Hasta ahora se han visto:

| | | |
|---|---|---|
| can | **Can she drive?** | ¿Puede élla conducir? |
| must | **Must he wear that hat?** | ¿Tiene que ponerse ese sombrero? |
| will | **Will she be here tomorrow?** | ¿Va a estar élla aquí mañana? |
| would | **Would he like some coffee?** | ¿Le apetecería café? |

También debe tomar nota del uso de **must** in frases como éstas:

| | |
|---|---|
| **He must be her father.** | Debe ser su padre. |
| **You must be crazy.** | Debes estar loco. |

En inglés británico se dice **You must be mad,** aunque **crazy** se entiende. **Mad** para los americanos quiere decir enfadado. Esta es la principal diferencia entre británico y americano: éstas son diferencias sin importancia en el vocabulario. Se señalarán cuando vayan apareciendo.

## 48 Formas irregulares del pasado

Las formas del pasado de algunos verbos son diferentes. No hay muchos de estos verbos, pero son algunos de los de uso más frecuente. Puede estar bastante seguro que un verbo poco común, como **disinfect** (desinfectar) o **psychoanalyse** (sincoanalizar) se conjuga regularmente, añadiendo **-d** ó **-ed**. Pero algunos de los verbos comunes y corrientes como 'decir' o 'hacer' conjugan el pasado de diferente manera. Aqui hay algunos que aprender:

| | | | |
|---|---|---|---|
| **do** | (hacer) | **did** | [DiD] |
| **go** | (ir) | **went** | [UENT] |
| **have** | (haber/tener) | **had** | [JHAED] |
| **say** | (decir) | **said** | [SED] |

**Ejercicio 47**

*Traduzca:*
1  **I finished the work yesterday.**   (yesterday – ayer)
2  **I did a lot of work on Friday.**
3  **He said he was very cold.**
4  **I invited him into the house.**
5  **He had two cups of coffee.**   (cup – taza)
6  **He wanted me to help him.**   (want – querer; **help** – ayuda)
7  **We went to the supermarket.**

CONVERSACION

| | | |
|---|---|---|
| *Edward* | **We went to the beach on Friday.** | Fuimos a la playa el viernes. |
| *Joanne* | **I know. You said.** | Ya lo sé. Me lo dijiste. |
| *Edward* | **We're going again tomorrow.** | Vamos a ir de nuevo mañana. |
| *Joanne* | **That's nice for you.** | Está bien para tí. |
| *Edward* | **Do you want to come with us?** | ¿Quieres venir con nosotros? |
| *Joanne* | **Well, I'd like to, but I'm a bit busy.** | Bueno, me gustaría, pero estoy un poco ocupado. |
| *Edward* | **You can take one day off.** | Puedes tomarte un día de vacaciones. |
| *Joanne* | **No, I must do some work this week. I really must.** | No, tengo que hacer algo de trabajo esta semana. De verás que sí. |

## 49 Otras formas irregulares del pasado

| come | (venir) | came [KEIM] |
|------|---------|-------------|
| know | (saber, conocer) | knew [NIU] |
| pay | (pagar) | paid [PEID] |
| think | (pensar) | thought [ZHORT] |

### Ejercicio 48

*Traduzca: (Puede que tenga que repasar la lección de ayer.)*
1  **I went to Madrid yesterday.**  (yesterday – ayer)
2  **We did a bit of shopping.**  (shopping – compras)
3  **We had lunch in a restaurant.**
4  **I thought it was very nice.**  (nice – bonito)
5  **My father paid for it all.**
6  **He said he wanted us out of the house.**

## 50 Interrogaciones y negaciones del pasado

| | |
|---|---|
| **She went; I didn't go.** | Ella fué; yo no. |
| **I stopped; he didn't stop.** | Yo paré, él no. |
| **He did it; I didn't do it.** | El lo hizo, yo no. |
| **I knew. Did you know?** | Yo lo sabía; ¿Y tú? |
| **I arrived yesterday. When did you arrive?** | Yo llegué ayer. ¿Cuándo llegaste tú? |
| **Did you do that?** | ¿Hiciste tú éso? |

El tiempo pasado usa **did** para hacer la interrogación y negación. El verbo principal entonces pierde la forma pasada y se usa en infinitivo. Es lo mismo que cuando se usa **do** y **does** en el tiempo presente. Trate de acostumbrarse a esta simple construcción, aunque parezca rara. Muchos españoles tienen mucha dificultad en acostumbrarse a esta forma y construyen las negaciones e interrogaciones en todo de formas. Desgraciadamente para éllos, no hay otra forma correcta en inglés moderno.

Existe una forma abreviada **'didn't'** en vez de **'did not'**.

### Ejercicio 49

*Use la forma abreviada* **didn't** *para completar las frases siguientes:*
1  **The bus (came).**  El autobús no llegó.
2  **He (invited) me.**  No me ha invitado.
3  **I (knew) her name.**  No sabía su nombre.
4  **We (enjoyed) the party.**  No nos gustó la fiesta.
5  **My friend (had) a coat.**  Mi amigo no tenía abrigo.
6  **You (thought) about it.**  No has pensado en éso.

**Ejercicio 50**

*Ahora practique construyendo interrogaciones:*

| | | |
|---|---|---|
| 1 | **When did ...?** | ¿Cuándo llegó el autobús? |
| 2 | **...?** | ¿Te invitó? |
| 3 | **... you ...?** | ¿Sabías su nombre? (de élla) |
| 4 | **... you ...?** | ¿Te gustó la fiesta? |
| 5 | **... your friend ...?** | ¿Tenía tu amigo un abrigo? |
| 6 | **What ... about it?** | ¿Qué pensabas de éllo? |

Ya que estamos sobre éllo, merece la pena resaltar que **do/did** se usan para dar enfásis.

| | |
|---|---|
| **Sit down. Do sit down.** | Siéntate. Te digo que te sientes. |
| **He likes you. Honestly. He does like you.** | El te quiere. De veras, te quiere. |
| **I paid for it. I promise you. I did pay for it.** | Lo he pagado. Te lo prometo, lo he pagado. |

**Ejercicio 51**

*Ponga enfásis en estas frases:*

1 **I thought of you.**
2 **I went to university.**
3 **I helped him.**
4 **We stopped at the red light.** (red light – semáforo rojo)
5 **She had a sandwich.**
6 **I knew the answer.** (answer – respuesta)
7 **He said it was OK.**
8 **I did the washing.** (washing – lavada)

CONVERSACION

| | | |
|---|---|---|
| *Janet* | **Hello, there!** | Hola! |
| *Celia* | **Hi!** | Hola. |
| *Janet* | **I didn't expect you today.** | No te esperaba hoy. |
| *Celia* | **Why not?** | Porqué no? |
| *Janet* | **I thought you went to your family.** | Creí que fuiste a ver a tu familia. |
| *Celia* | **Oh yes. That was the plan.** | Ah sí. Eso era el plan. |
| *Janet* | **What happened?** | ¿Que pasó? |
| *Celia* | **I changed the plan.** | He cambiado de parecer. |
| *Janet* | **Why did you do that?** | ¿Porqué has hecho éso? |
| *Celia* | **Oh, I had my reasons.** | Bueno, tenía mis razones. |

## 51 Verbos irregulares

| | |
|---|---|
| eat (comer) | ate [ET] |
| get (ganar, conseguir, etc.) | got [GOT] |
| put (poner) | put [PuT] (sin cambio) |
| see (ver) | saw [SOR] |
| take (coger) | took [TuK] |

Con algunos verbos como **put** el presente y el pasado son iguales. En la tercera persona él/élla se podrá oir la diferencia, si es que recuerda poner la -s al final.

| | |
|---|---|
| He puts it | Lo pone |
| He put it | Lo puso |

**Ejercicio 52**

*Complete:*

| | |
|---|---|
| 1  ... it on the table? | ¿Lo pusiste sobre la mesa? |
| 2  ... her pills. | Ella no se tomó sus píldoras. |
| 3  ... her, but ... me. | La ví, pero élla no me vió. |
| 4  The child ... it all. | El niño se comió todo. |
| 5  ... a steak for dinner. | Compré (– get) un filete para la cena. |

## 52 Verbos con conjunciones

| | |
|---|---|
| Put on a jersey. | Pónte un jersey. |
| Take off your coat. | Quítate el abrigo. |
| Turn on the TV. | Pon la tele. |
| Turn off the radio. | Quita la radio. |

**Ejercicio 53**

*Practique traduciendo estas frases:*
1  Why not take your coat off?
2  Can you turn the heating on, please?   (heating – calefacción)
3  Turn that stupid radio off.   (stupid – estúpido)
4  I'll put my best suit on.   (best suit – mejor traje)
5  They put their coats on, and went out.
6  She turned all the lights off.   (light – luz)

Algo muy típico del inglés, aunque irritante, es que a veces se usan dos palabras para decir algo que se puede decir con una. Las dos partes del verbo se separan para intercalar el sujeto entre medias.

## 53 Interrogaciones

| | |
|---|---|
| **Who?** | ¿Quién/es? |
| **What?** | ¿Qué? |
| **Which?** | ¿Cual/es? |

Estas interrogaciones pueden actuar como sujeto en una frase, en cuyo case el orden es normal. Estudie estos ejemplos:

| | |
|---|---|
| **Who saw you?** | ¿Quién te vió? |
| **Who did you see?** | ¿A quién viste? |
| **What eats insects?** | ¿Qué come insectos? |
| **What do insects eat?** | ¿Qué comen los insectos? |
| **Which policeman attacked you?** | ¿Quál policía te atacó? |
| **Which policeman did you attack?** | ¿A cuál policía atacaste? |

Como puede ver las interrogaciones son muy importantes. Una equivocación puede hacer mucha diferencia en el significado. Hay una forma de **who, whom,** pero en el inglés moderno sólo se usa detrás de una preposición – **to whom, with whom** – pero no en estas interrogaciones.

### Ejercicio 54

*Complete:*

| | | |
|---|---|---|
| 1 | **Who ...?** | ¿A quién has pagado? (pagar – **pay**) |
| 2 | **Who ...?** | ¿Quién te pagó? |
| 3 | **Which coat ...?** | ¿Qué abrigo te has puesto? |
| 4 | **Which button ...?** | ¿Con qué botón se pone la radio? |
| 5 | **What ...?** | ¿Qué has comido? (comer – **have lunch**) |
| 6 | **What ...?** | ¿Qué ha pasado? (pasar – **happen**) |

### CONVERSACION

| | | |
|---|---|---|
| *Martin* | **Excuse me.** | Perdón. |
| *Daniel* | **Yes?** | ¿Sí? |
| *Martin* | **What did your friend say?** | ¿Qué dijo tu amigo? |
| *Daniel* | **About what?** | ¿Sobre qué? |
| *Martin* | **About the money. You said ...** | Sobre el dinero. Dijiste ... |
| *Daniel* | **Oh yes. Sorry.** | Ah sí. Perdón. |
| *Martin* | **You didn't speak to him?** | ¿No le has hablado? |
| *Daniel* | **No. Sorry, I didn't see him today. He went out early. I'll ask him tomorrow.** | No. Lo siento, no le he visto hoy. Se marchó temprano. Le preguntaré mañana. |

# Lección 4

## 54 Palabras que expresan tiempo

yesterday (ayer)   today (hoy)     tomorrow (mañana)
[YESTeRDi]          [TuDEI]         [TeMOROU]

| | |
|---|---|
| Yesterday was hot. | Ayer hacía calor. |
| Today is cold. | Hoy hace frio. |
| Tomorrow will be hot again. | Mañana hará calor otra vez. |

## 55 Números ordinales

| | | | |
|---|---|---|---|
| 1st | first [FERST] | 6th | sixth [SIKSZH] |
| 2nd | second [SEKeND] | 7th | seventh [SEVeNZH] |
| 3rd | third [ZHERD] | 8th | eighth [EITZH] |
| 4th | fourth [FORZH] | 9th | ninth [NAINZH] |
| 5th | fifth [FiFZH] | 10th | tenth [TENZH] |

**Ejercicio 55**

*Traduzca:*

1  Tomorrow will be the tenth.
2  It's on the third floor.   (floor – piso)
3  That was my first visit to the USA.
4  Yesterday was Monday the fifth of October.
5  Take the second door on the right. (door – puerta; right – derecha)

## 56 let

La primera persona del tiempo imperativo ('vamos') se forma añadiendo **let** (dejar, permitir), **let us** se contrae a **let's**. Esta forma también traduce la tercera persona imperativa del singular y plural del español: (en español 'que se haga' 'hagámoslo').

**Let him do it. Let me help you.**     Déjale hacerlo. Déjame ayudarte.

**Ejercicio 56**

*Traduzca:*

1  Let's go. (Let us go.)
2  Let's say tomorrow morning.
3  Let's see.
4  Let's get on the first bus.   (get on – subir)
5  Let's get off at the park.   (get off – apearse)

## Ejercicio 57

*Traduzca:*
1 Vayamos a comer. (comer – **to have lunch**)
2 Esperemos aquí.
3 Que coja un taxi. (cojer – **take**)
4 Veamos, es jueves dos.
5 Vayamos al concierto, (concierto – **concert**)

## 57 have got

| | |
|---|---|
| **I've got (have got) a bad cold.** | Tengo mucho catarro. |
| **She's got (has got) two brothers.** | Tiene dos hermanos. |
| **Have you got a light?** | ¿Tienes una cerilla? |
| **He hasn't got any money.** | No tiene dinero. |

Los ingleses normalmente usan **got** junto al verbo **have**. No cambia el sentido en absoluto y quizás se pregunte porqué lo hacen, pero es muy común. En los colegios americanos, por alguna razón se enseña que **got** es mal inglés. Aún lo úsan, pero en inglés americano es inglés corriente más que elegante.

## Ejercicio 58

*Traduzca usando la forma* **have got**:
1 No tengo billete. (billete – **ticket**)
2 Mi amigo tiene problemas.
3 ¿Tiene visado? (visado – **visa**)
4 Tienen perro. (perro – **dog**)
5 ¿Tienes veinte dólares?

## CONVERSACION

| | | |
|---|---|---|
| Chris | **What's the date today?** | ¿Qué día es hoy? |
| Michael | **Let's see. It must be about the seventh.** | Veamos. Debe ser sobre el siete. |
| Chris | **Really? I must write to my family. They'll think I'm dead.** | ¿De veras? Debo escribir a mi familia. Van a pensar que estoy muerto. |
| Michael | **Why not ring them?** | ¿Porqué no los llamas? |
| Chris | **No. I don't want to do that.** | No, no quiero hacer éso. |
| Michael | **Why not?** | ¿Porqué no? |
| Chris | **They'll just ask me to come home. I'll send them a postcard.** | Me van a decir que vaya a casa. Les mandaré una postal. |

## 58 Posesivos

**mine** [MAIN]   el/los mío(s)
               la(s) mía(s)
            **yours** [YORSZ]  el/los tuyo(s)
                               la(s) tuya(s)
**his** [JHiSZ] el suyo (masc.)
**hers** [JHERSZ]  la suya (fem.)
**its** [iTS] lo suyo (neutro)

**ours** [AURSZ]  el/los nuestro(s)
                  la(s) nuestra(s)

**theirs** [DHEARSZ]  los suyos
                       las suyas

### Ejercicio 59

*Traduzca:*
1   **Those are mine.**
2   **Hers is the red one.**
3   **All of these are yours.**
4   **Isn't it yours?**
5   **I'm not sure. I think it's his.**
6   **They say the land is theirs.**   (**land** – tierra)

## 59 whose?

**Whose is it?** [JHUZ]   ¿De quién es?

### Ejercicio 60

*Traduzca:*
1   **Whose are these?**
2   **Whose coat is that?**   (**coat** – abrigo)
3   **Whose name is on the document?**
4   **Whose fault was it?**   (**fault** – culpa)

## 60 The family (La familia)

| | | | | |
|---|---|---|---|---|
| **mother** [MADHer] | madre | | **father** [FADHeR] | padre |
| **brother** [BRADHer] | hermano | | **sister** [SiSTer] | hermana |
| **son** [SAN] | hijo | | **daughter** [DORTer] | hija |
| **husband** [HASBeND] | marido | | **wife** [UAIF] | esposa |
| **aunt** [AHNT] | tía | | **uncle** [ANKeL] | tío |
| **nephew** [NEVIU] | sobrino | | **niece** [NIS] | sobrina |

### Ejercicio 61

*Traduzca y conteste estas preguntas:*
1   **Who is the son of your father?**   ¿Quién es el hijo de tu padre? Mi hermano.
2   **Who is the father of your son?**

3   **Who is the sister of your mother?**
4   **Who is the daughter of your mother?**
5   **Who is the husband of your aunt?**
6   **Who is the brother of your daughter?**

## 61 's

| | |
|---|---|
| **Miguel's mother is here.** | La madre de Miguel está aquí. |
| **Actually, the car was Maria's.** | En realidad el coche era de María. |
| **It was my brother's apartment.** | Era el apartamento de mi hermano. |

Este es el caso posesivo, usado mucho con personas en vez de **of**. No se usa con objetos.

| | |
|---|---|
| **Gaston's face is red.** | La cara de Gastón está roja. |
| **The face of the house is concrete.** | La fachada de la casa es de cemento. |

No hay razón concreta que justifique el apóstrofe excepto, quizás para hacer más fácil la lectura. Cuando la palabra termina en s sólo se añade el apóstrofe para mostrar el posesivo. La pronunciación es la misma, así en ortografía, pero no al hablar, hay diferencia entre **my friend's house** (la casa de mi amigo) y **my friends' house** (la casa de mis amigos).

### Ejercicio 62

*Traduzca:*
1   **Martin is my friend's brother.**
2   **We'll go to my father's house.**
3   **The boss's nephew has got the job.**   (**job** – trabajo, empleo)
4   **Whose is this? I think it's your sister's.**
5   **His aunt's cooking is magnificent.**   (**cooking** – cocina)
6   **Paul's current obsession is football.**   (**current** – actual)

## CONVERSACION

| | | |
|---|---|---|
| *Graham* | **Whose is this?** | ¿De quién es ésto? |
| *Bernard* | **I suppose it's yours.** | Creo que es tuyo. |
| *Graham* | **But I didn't order this.** | Pero yo no pedí ésto. |
| *Bernard* | **You ordered a pizza.** | Tu pediste una pizza. |
| *Graham* | **I didn't order one with sausage.** | Yo no pedí una con salchicha. |
| *Bernard* | **It must be Charles's.** | Debe ser de Carlos. |
| *Graham* | **Well, it's certainly not mine.** | Desde luego que no es mía. |

## 62 Números ordinales

| | | | |
|---|---|---|---|
| 11th | eleventh | 16th | sixteenth |
| 12th | twelfth | 17th | seventeenth |
| 13th | thirteenth | 18th | eighteenth |
| 14th | fourteenth | 19th | nineteenth |
| 15th | fifteenth | 20th | twentieth |

Aquí no debe haber ningún problema, pero fíjese que 12 (**twelve**) cambia **12th** a **twelfth**.

### Ejercicio 63

*Traduzca:*
1  He lives on the sixteenth floor. (**floor** – piso)
2  They came at the eleventh hour. (**hour** – hora)
3  He came fifteenth out of twenty.
4  Tomorrow is her eighteenth birthday. (**birthday** – cumpleaños)
5  Eight per cent is about a twelfth. (**per cent** – por ciento)

## 63 some/any

| | |
|---|---|
| **someone** [SAMUAN] | alguien, alguno(as) |
| **somebody** [SAMBeDi] | alguien, alguno(as) |
| **something** [SAMZHing] | algo |
| **somehow** [SAMJHAU] | de todas formas |

Algunas de estas palabras ya las habrá visto anteriormente. ¿Las recuerda? En algunos casos se debe reemplazar **some** por **any**.

| | |
|---|---|
| **I've got some money.** | Tengo algo de dinero. |
| **I haven't got any money.** [ENI] | No tengo nada de dinero. |
| **Have you got any money?** | ¿Tienes tú algo de dinero? |

Como regla general **any** reemplaza a **some** en las frases interrogativas y negativas. Esto también aplica a los compuestos **anything, anyone**.

| | |
|---|---|
| **I saw something.** | Ví algo. |
| **Did you see anything?** | ¿Viste algo? |
| **I didn't see anything.** | No ví nada. |
| **Is there anybody there?** | ¿Hay alguién ahí? |

### Ejercicio 64

*Complete usando* **some** *o* **any** *o sus compuestos:*
1  I have ... rich friends in California.
2  I haven't got ... work today. (**work** – trabajo)
3  He gave me ... good advice. (**advice** – consejo)

4 **Is there ... sugar left?** (sugar – azúcar; **be left** – quedar)
5 **There's ... on the phone for you.** (**phone** – teléfono)
6 **There's never ... good on television.**
7 **I didn't get ... to eat.**
8 **Is there ... from a big city here?**

A veces se usa **some** en interrogaciones cuando no es simplemente pedir información sino, por ejemplo, una petición u oferta:

| | |
|---|---|
| **Can you give me some money?** | ¿Puede darme algo de dinero? |
| **Would you like some coffee?** | ¿Te apetece café? |

Es claro que estas preguntas son petición u oferta, no simplemente pidiendo información. En estos ejemplos, **any** también estaría perfecto:
**Would you like any coffee?**

En frases afirmativas **any** quiere decir 'cualquier(a)'.

| | |
|---|---|
| **Any fool can do that.** | Cualquier idiota puede hacer éso. |
| **He doesn't care. He does the job anyhow.** | No le importa, de todas formas hace el trabajo. |
| **Come and visit us anytime.** | Ven a vernos en cualquier momento. |

## CONVERSACION

| | | |
|---|---|---|
| *Susan* | **Would you like some coffee?** | ¿Te apetece café? |
| *Alison* | **Yes, please.** | Sí, por favor. |
| *Susan* | **How do you like it?** | ¿Cómo lo quieres? |
| *Alison* | **With cream and sugar, please.** | Com crema y azucar, por favor. |
| *Susan* | **Sorry, there isn't any cream.** | Lo siento, no hay crema. |
| *Alison* | **Milk will be fine.** | Leche está bien. |
| *Susan* | **There isn't any milk. Now where is the sugar? I know it's here, somewhere.** | No hay leche. Bueno, ¿dónde está el azúcar? Sé que está aquí, por algún sitio. |
| *Alison* | **Never mind, I won't have any coffee, thanks. I'll have something cold, if that's OK.** | No importa. No tomaré café, gracias. Tomaré algo frio, si éso está bien. |
| *Susan* | **Sure. Orange juice? Lemon?** | Por supuesto ¿Jugo de naranja? ¿Limón? |
| *Alison* | **Anything, thanks.** | Cualquier cosa, gracias. |

## 64 Números ordinales

| | | | |
|---|---|---|---|
| 21st | twenty-first | 50th | fiftieth |
| 22nd | twenty-second | 100th | hundredth |
| 30th | thirtieth | 101st | hundred and first |
| 31st | thirty-first | 1,000th | thousandth |
| 40th | fortieth | 1,000,000th | millionth |
| 43rd | forty-third | last [LAHST] | último |

**Ejercicio 65**

*Traduzca:*
1  We live on the twenty-third floor.
2  For the thousandth time, no.
3  It was the thirty-first of December.
4  Tomorrow is his twenty-fifth birthday.
5  It's the hundredth anniversary of the revolution.

## 65 Months (Meses)

| | | |
|---|---|---|
| **January** [DYAENURi] | **May** [MEI] | **September** [SePTEMBer] |
| **February** [FEBURi] | **June** [DYUN] | **October** [OKTOUBer] |
| **March** [MARTCH] | **July** [DYULAI] | **November** [NOVEMBer] |
| **April** [EIPReL] | **August** [ORGeST] | **December** [DeSEMBer] |

**Jan. 1 = the first of January** o **January the first**. Las dos formas de decirlo son correctas. Es a su elección como diga las frases siguientes:

**Ejercicio 66**

*Lea en alto o escriba:*

| | | | |
|---|---|---|---|
| 1 | Sept. 30 | 7 | 11th Mar. |
| 2 | 25th Dec. | 8 | Oct. 2nd |
| 3 | Feb. 28 | 9 | Apr. 12 |
| 4 | Aug. 21st | 10 | 14 Jul. |
| 5 | 2 Jan. | 11 | 22/6 |
| 6 | Nov. 23 | 12 | 19/5 |

A propósito, en inglés americano la fecha escrita 10/3 quiere decir el trés de Octubre; en inglés británico quiere decir el diez de Marzo. Esto puede dar lugar a confusión, como puede imaginarse.

## 66 could

I could, he could, you could [KUD]

| | |
|---|---|
| Could you open a window, please? | ¿Podría abrir una ventana, por favor? |
| That could be her brother. | Ese podría ser su hermano. |

Este verbo, el siguiente en la lista de anormales, a veces se toma como el pasado de **can**. Como puede ver por los ejemplos anteriores, no es completamente cierto. No obstante, en estos ejemplos, verá que hay algo de verdad en éllo.

| | |
|---|---|
| I can speak English now. I couldn't last month. | Ahora puedo hablar inglés. El mes pasado no podía. |
| She could swim at the age of four. | Sabía nadar a los cuatro años. |

Este verbo también tiene una contracción, **couldn't** en vez de **could not**.

### Ejercicio 67

*Complete:*

| | | |
|---|---|---|
| 1 | ... the menu? | ¿Podría ver el menú? |
| 2 | ... get killed, doing that. | Podrías matarte haciendo éso. |
| 3 | ... be the manager soon. | El puede ser pronto el jefe. |
| 4 | ... understand it. | No podía entenderlo. |
| 5 | General Franco ... speak much English. | El General Franco no hablaba mucho inglés. |

### CONVERSACION

| | | |
|---|---|---|
| George | I'm getting old. | Me estoy haciendo viejo. |
| Sarah | How old are you? | ¿Qué edad tienes? |
| George | I'm twenty-two. Nearly twenty-three. | Tengo veintidós, casi veintitrés. |
| Sarah | When's your birthday? | ¿Cuándo es tu cumpleaños? |
| George | July the thirty-first. | El treinta y uno de Julio. |
| Sarah | That's quite soon. Are you having a party? | Eso es muy pronto. ¿Vas a hacer fiesta? |
| George | No. There's nobody I want to invite. | No. No hay nadie a quien quiero invitar. |
| Sarah | You could invite me. | Me podrías invitar a mí. |
| George | Yes, maybe I could. | Sí, quizás podría. |

## 67 may, should

| | |
|---|---|
| **It may rain tomorrow.** | Quizás llueva mañana. |
| **That may be her brother.** | Ese puede ser su hermano. |
| **Maybe that's her brother.** | Puede ser que ése sea su hermano. |
| **It may never happen.** | Quizás no pase nunca. |

**May** [MEI], el siguiente de los verbos anormales (no lleva **s** en la tercera persona, etc.) se traduce por 'poder', o 'tener permiso', en el sentido que hay 50/50 de posibilidad:

| | |
|---|---|
| **You may go now.** | Puedes marcharte ahora. |
| **May I use your telephone?** | ¿Puedo usar tu teléfono? |

**Should**, [SHUD] es otro verbo anormal, expresa 'deber', en el sentido de posibilidad u obligación:

| | |
|---|---|
| **I should do some work.** | Debería hacer algo de trabajo. |
| **He should be here by now.** | El debería estar aquí ya. |
| **People shouldn't be so unfriendly.** | La gente no debería ser tan brusca. |

### Ejercicio 68

*Traduzca:*
1  **The rich should help the poor.**   (**poor** – pobre)
2  **My brother may come and visit me.**   (**come** – venir)
3  **You should leave soon.**   (**soon** – pronto)
4  **There may be a lot of traffic.**   (**traffic** – tráfico)
5  **The train shouldn't be long now.**
6  **How much money should I give him?**   (**give** – dar)
7  **May I say something?**   (**say** – decir)
8  **You shouldn't worry about it.**   (**worry** – preocupar)

## 68 too

| | |
|---|---|
| **That's too much.** [TU MATCH] | Es demasiado. |
| **It's too far.** | Está demasiado lejos. |

### Ejercicio 69

*Traduzca:*
1  **That's too bad.** (**bad** – malo)
2  **It didn't seem too expensive.**   (**seem** – parecer; **expensive** – caro)
3  **The soup was too hot to drink.**   (**hot** – caliente)
4  **The beach is not too far from here.**   (**beach** – playa; **far** – lejos)
5  **I didn't find it too difficult.**   (**find** – encontrar)
6  **They arrived too soon.**   (**soon** – temprano)

# 69 much, many

| | |
|---|---|
| That doesn't give me much help. | Eso no me ayuda mucho. |
| That doesn't give me many ideas. | Eso no me da muchas ideas. |
| too much [TU MATCH] | Demasiado. |
| too many [TU MENI] | Demasiado. |
| There's too much noise here. | Hay demasiado ruido aquí. |
| There are too many people here. | Hay demasiada gente aquí. |

**Much** se emplea en singular y **many** en plural.


## Ejercicio 70

*Complete:*

| | | |
|---|---|---|
| 1 | Not too ... cream for me, please. | No mucha crema para mi, por favor. |
| 2 | Not too ... potatoes for me, please. | No muchas patatas para mi, por favor. |
| 3 | There aren't ... young people here. | No hay muchas jóvenes aqui. |
| 4 | There isn't ... time. | No hay mucho tiempo. |
| 5 | How ... sugar do you take? | ¿Cuánto azúcar tomas? |
| 6 | How ... cups of coffee do you have a day? | ¿Cuántas tazas de café tomas al día? |
| 7 | How ... money have you got? | ¿Cuánto dinero tienes? |
| 8 | How ... dollars have you got? | ¿Cuántos dólares tienes? |


## CONVERSACION

| | | |
|---|---|---|
| *Henry* | I'm alone a lot now. I think I may get a dog, or a cat. | Ahora estoy solo mucho. Creo que voy a comprar un perro o un gato. |
| *Philip* | You should get a parrot. John's got one. | Deberías comprar un loro. John tiene úno. |
| *Henry* | Really? | ¿De veras? |
| *Philip* | He paid five hundred dollars for his. | Pagó quinientos dólares por él. |
| *Henry* | He must be an idiot. | Debe ser idiota. |
| *Philip* | Yes. It's too much for an animal. | Sí, es demasiado por un animal. |
| *Henry* | Maybe it speaks four languages. | Quizás habla cuatro idiomas. |
| *Philip* | It says 'Who's a pretty boy?' sometimes, but that's all. | Dice '¿Quién es un chico guapo?' a veces, pero éso es todo. |
| *Henry* | I'd expect more for that much money. | Yo esperaría más por esa cantidad de dinero. |

## 70 Momento del día

**morning, afternoon**    mañana, mediodía
**evening, night** [NAIT]    tarde, noche

| | | |
|---|---|---|
| **yesterday** (ayer) | **today** (hoy) | **tomorrow** (mañana) |
| **yesterday morning** | **this morning** | **tomorrow morning** |
| **yesterday afternoon** | **this afternoon** | **tomorrow afternoon** |
| **yesterday evening** | **this evening** | **tomorrow evening** |
| **last night** | **tonight** | **tomorrow night** |

**Ejercicio 71**

*Suponga que hoy es el 11. Diga en inglés:*

1  16.30 del 10                    (ayer a las 16.30 mediodía)
2  18.30 del 11                    (esta tarde a las 18.30)
3  23.30 del 12                    (mañana a las 23.30 de las noche)
4  23.30 del 11
5  18.30 del 10
6  10.30 del 10
7  10.30 del 11
8  10.30 del 12

## 71 both, neither, none

**both** [BOUZH]                    ambos
**I'm here both tonight and**      Estoy aqui ambas noches, hoy y
**tomorrow night.**                mañana.
**Both his parents are dead.**     Ambos padres están muertos.

**neither** [NAIDHER ó NIDHer]     ninguno (entre dos)
**Neither of my parents is/are alive.**    Ninguno de mis padres vive.
**Would you like beer or tea?**    ¿Quieres cerveza o té?
**Neither, thank you.**            Ninguno, gracias.

**Neither** es el negativo de **both**.

**none** [nan]                     ninguno
**Sorry. there's none left.**      Lo siento no queda ninguno.
**None of them speak English.**    Ninguno de éllos habla inglés.

En la vieja gramática se dice que **neither** y **none** son siempre singular. En el inglés moderno pueden ser singular o plural a gusto de quien habla. Si piensa en el objeto como singular, use el singular: **None of the houses is big** (ninguna de las casas es grande). Si piensa en el objeto como plural, use el plural: **None of the houses are big** (ninguna de las casas son grandes).

## Ejercicio 72

*Complete:*

| | | |
|---|---|---|
| 1 | **I saw him on two occasions, and I liked him ... times.** | Le ví en dos ocasiones y me gustó en ambas. |
| 2 | **... of us is very sure.** | Ninguno de nosotros está muy seguro. |
| 3 | **There's enough for ... of us.** | Hay suficiente para ambos. |
| 4 | **Would you like a coffee or a cognac? Yes, ... please.** | ¿Te apetece un café o un coñac? Sí, los dos por favor. |
| 5 | **... of my family are very rich.** | Nadie en mi familia es muy rico. |
| 6 | **I know ... their children.** | Conozco a sus dos niños. |

## 72 all right

| | |
|---|---|
| **She was in hospital, but she's all right now.** | Estuvo en el hospital, pero ya está bien. |
| **Will you ring me tomorrow?** | ¿Vas a llamarme mañana? |
| **All right.** | De acuerdo. |

Cuando **all right** va solo, cuando se usa **OK** para decir 'muy bien', 'de acuerdo'.

## CONVERSACION

| | | |
|---|---|---|
| *Mr Smith* | **Can you be here Monday or Tuesday?** | ¿Puede venir el lunes o martes? |
| *George* | **Well, neither's easy for me.** | Bueno, ninguno es bueno para mí. |
| *Mr Smith* | **Why not?** | ¿Porqué no? |
| *George* | **Well, my father and mother are visiting me then.** | Bueno, mis padres vienen a visitarme entonces. |
| *Mr Smith* | **What about Wednesday or Thursday? Could you manage one of those?** | ¿Que tal el miércoles o jueves? ¿Puedes uno de ésos? |
| *George* | **Both are all right.** | Ambos están bién. |
| *Mr Smith* | **Let's say Thursday morning.** | ¿Digamos el jueves por la mañana?. |
| *George* | **All right.** | Está bién. |
| *Mr Smith* | **You've got no visitors?** | ¿No tienes visitas? |
| *George* | **No. None.** | No, ninguna. |

# Lección 5

## 73 Adjetivos

| | | | |
|---|---|---|---|
| **quick** [KUIK] | rápido | **slow** [SLOU] | lento |
| **safe** [SEIF] | seguro | **dangerous** [DEINDYeReS] | peligroso |
| **good** [GUD] | bueno | **bad** [BAED] | malo |
| **easy** [ISZI] | fácil | **difficult** [DiFiKeLT] | difícil |
| **Young** [YAng] | jóven | **old** [OULD] | viejo |
| **careful** [KEARFel] | prudente | **important** [iMPORTeNT] | importante |

Algunos de estos adjetivos ya los ha visto ántes.

### Ejercicio 73

*Traduzca:*
1 **He's too young for that job.** (job – trabajo)
2 **English is not a very difficult language.** (language – idioma)
3 **The wine's not bad.** (wine – vino)
4 **The bus was very slow in the mountains.** (mountains – montaña)
5 **Please be careful.**
6 **We had a quick lunch.** (lunch – comida)

## 74 Adverbios de modo

| | |
|---|---|
| **slowly** [SLOULi] | lentamente |
| **badly** [BAEDLi] | malamente/de mala manera |
| **easily** [ISHeLi] | fácilmente |
| **carefully** [KEARFeLi] | prudentemente |
| **safely** [SEIFLi] | cuidadosamente/con cuidado |

Asi es como se forman los adverbios de modo: añadiendo **-ly** al adjetivo. Como ve es extremadamente sencillo y regular. Lo único que debe recordar es **easy – easily**, dónde, como en otras terminaciones la **y** al final de palabra cambia a **i**. Es asombroso pero mucho ingleses cometen faltas con esta regla y no saben deletrear palabras como **carefully** (no recuerdan cuantas **l** lleva esta palabra) o **completely** (no saben donde poner la última **e**). Como ve es simplemente el adjetivo **complete, careful,** más **-ly**, no hay razón para que se confunda.

**Ejercicio 74**

*Complete:*
1 **Please drive ... (slow) through the town.**
2 **You can do it ... (easy).**
3 **It's ... (complete) empty.**
4 **I speak English a little and ... (bad).**
5 **He went ... (dangerous) ... (quick).**
6 **... (sure) you're wrong.**

Hay tres adverbios irregulares:

| | |
|---|---|
| **good – well** [UEL] | bueno – bien |
| **fast – fast** [FAHST/FAEST] (no cambia) | rápido – más rápido |
| **hard – hard** [JHARD] (no cambia) | duro – más duro |

**Ejercicio 75**

*Traduzca:*
1 **It's a hard problem.**
2 **He works hard.**
3 **He speaks good English.**
4 **He speaks English well.**
5 **Mine is a very fast car.**
6 **Don't go too fast.**

CONVERSACION

| | | |
|---|---|---|
| *Philip* | **Hi. How's life?** | Hola ¿Cómo te va la vida? |
| *Andrew* | **Not bad. Are you ready to go?** | No está mal. ¿Estás listo para salir? |
| *Philip* | **Yes, I'm ready. Where's Martin?** | Si, ya estoy, ¿Dónde está Martín? |
| *Andrew* | **He's not here. He's late.** | No está aquí. Llega tarde. |
| *Philip* | **As usual.** | Como de costumbre. |
| *Andrew* | **As always. Can we be there in twenty minutes?** | Como siempre. ¿Podemos estar allí en veinte minutos? |
| *Philip* | **Possibly, but not easily.** | Posiblemente, pero no fácilmente. |
| *Andrew* | **We'll have to drive fast.** | Tendremos que conducir rápidamente. |
| *Philip* | **We can't.** | No podemos. |
| *Andrew* | **Why not?** | ¿Porqué no? |
| *Philip* | **A, it's not a fast road.** **B, I can't get fourth gear.** | A, porque no es una carretera rápida. B, porque no puedo poner la cuarta marcha. |
| *Andrew* | **Marvellous, great. Ah, here's Martin, finally.** **Martin, why are you always late?** | Maravilloso, estupendo. Ah, aquí está Martín, por fín. Martín ¿Porqué siempre llegas tarde? |

## 75 Participio pasado

| close | a closed door [KLOUSZD] | (cerrar; una puerta cerrada) |
| invite | an invited audience [iNVAITiD] | (invitar; un público invitado) |
| stop | a car, stopped in the road [STOPT] | (parar; un coche parado en la carretera) |
| control | a controlled experiment [KeNTROULD] | (controlar; un experimento controlado) |

El participio pasado es exactamente como el imperfecto en verbos regulares, añadiendo **d** o **ed**. Algunos verbos irregulares no cambian.

| have | haber/tener | had | había/tenía | had | habido/tenido |
| put | poner | put | ponía | put | puesto |
| say | decir | said | decía | said | dicho |
| pay | pagar | paid | pagaba | paid | pagado |

**Five hundred dollars, paid in cash.**   $500, pagados en efectivo.
**Some words said in Spanish.**   Algunas palabras dichas en español.

Hasta aquí no tendrá problemas con el participio pasado.
Pero algunos verbos importantes tienen diferencias:

| | IMPERFECTO | PARTICIPIO |
| --- | --- | --- |
| **be** ser/estar | **was/were** era/estaba | **been** [BIN] sido/estado |
| **break** romper | **broke** rompía | **broken** [BROUK'N] roto |
| **come** venir | **came** venía | **come** [KAM] venido |
| **do** hacer | **did** hacía | **done** [DAN] hecho |
| **give** dar | **gave** daba | **given** [GiVeN] dado |
| **go** ir | **went** iba | **gone** [GON] ido |
| **take** coger | **took** cogía | **taken** [TEIKeN] cogido |

**a broken arm**   un brazo roto
**a ring given on her birthday**   un anillo regalado para su cumpleaños
**a well done steak**   un filete bien hecho
**a man taken to prison**   un hombre llevado a prisión

Se alegrará saber que ya ha visto todas las partes del verbo en inglés. Ya no queda nada por venir. En resumen se puede decir que hay cinco partes del verbo:
**go** ir; **goes** va; **going** yendo; **went** fué; **gone** ido.

Sólo un verbo tiene ocho:
**be** ser; **am** soy; **is** es; **are** eres, somos, sois, son; **being** siendo; **was** era; **were** fueron; **been** sido.

La mayoría de los verbos tienen cuatro formas, porque el imperfecto y participio pasado so iguales:

**work, works, working, worked** (trabaja/trabajado).

Los pocos verbos anormales como, **can, will** y **must** sólo tienen una forma.

## 76 In the street

| | |
|---|---|
| **the supermarket** [SUPerMARKET] | el supermercado |
| **the baker's** [BEIKerSZ] | el panadero |
| **the bank** [BAEngK] | el banco |
| **the post office** [POUST OFiS] | la oficina de correos |
| **the travel agent's** [TRAEVeL EIDZHeNTS] | la agencia de viajes |
| **the clothes store** [KLOUDHS STOR] | la tienda de ropa |
| **the hairdresser** [JHEARDRESer] | la peluquería |
| **the newsagent's** [NIUSEIDYeNTS] | la tienda de periódicos, revistas, tabaco, etc. |

Tome nota como se pronuncia **clothes**, sólo hay una sílaba. Los americanos prefieren trducir 'tienda' por **store**; los ingleses prefieren la palabra **shop**. Ambas sa entienden en los dos países.

### Ejercicio 76

*Traduzca las preguntas y conteste en inglés.*
1  **Where do you buy a sweater?**   (**sweater** – suéter)
2  **Where can you change travellers' cheques?**   (**traveller** – viajero)
3  **Where can you get a plane ticket?**   (**plane** – avión)
4  **Where do you go to post a letter?**   (**letter** – carta)
5  **Where can you buy bread?**   (**bread** – pan)
6  **Where do you find cigarettes?**   (**find** – encontrar)

CONVERSACION

| | | |
|---|---|---|
| *Helen* | **I'm going out shopping.** | Me voy de compras. |
| *William* | **To the supermarket?** | ¿Al supermercado? |
| *Helen* | **No, into town. Do you want anything?** | No, a la ciudad, ¿quieres algo? |
| *William* | **A twelve-year-old Scotch whisky and some smoked salmon.** | Un whisky de doce años y algo de salmón ahumado. |
| *Helen* | **Very funny. I want to get some shoes. Are you coming with me?** | Muy gracioso. Quiero comprarme unos zapatos. ¿Vienes conmigo? |
| *William* | **No, thanks.** | No gracias. |

## 77 once

| | |
|---|---|
| **once** [UANS] | una vez |
| **twice** [TUAIS] | dos veces |
| **three times** [TAIMS] | tres veces |
| **four times** | cuatro veces |
| **etc.** | etc. |

### Ejercicio 77

*Traduzca:*
1 **I do the shopping once a week. (shopping** – compra)
2 **He phoned six or seven times. (phone** – telefonear)
3 **There's a train twice a day.**
4 **I met her once or twice. (meet** – encontrar)
5 **Take the pills three times a day. (take** – tomar)

## 78 have -ed

| | |
|---|---|
| **I've (I have) worked here two months.** | Llevo dos meses trabajando aquí. |
| **He's (he has) lived here twenty years.** | Vive aquí desde hace 20 años. |
| **He hasn't arrived yet.** | No ha llegado aún. |
| **Have you seen my brother?** | ¿Ha visto a mi hermano? |

Esta forma es igual al español 'he hecho': **have** como haber, mas el participio pasado. El significado es igual, pero fíjese en los dos primeros ejemplos.

### Ejercicio 78

*Complete. Repase los participios en la lección de ayer:*

| | |
|---|---|
| 1 **He ... (break) his arm.** | Se ha roto el brazo. |
| 2 **I ... (pay) the bill.** | No he pagado la factura. |
| 3 **... he ... (close) the door?** | ¿Ha cerrado él la puerta? |
| 4 **They ... (invite) me.** | No me han invitado. |
| 5 **... (you, have) lunch?** | ¿Has comido? |
| 6 **She ... (say) anything interesting yet.** | Ella no ha dicho nada interesante aún. |

**Ejercicio 79**

*Traduzca:*

1  **Have you phoned Paul?**
2  **He's (He has) bought a one-way ticket to India.**  (one-way ticket – billete sencillo)
3  **He's wanted to go there for years.**  (for years – durante años)
4  **I've said to him it'll be difficult.**  (say – decir)
5  **He hasn't met real poverty.**  (poverty – pobreza)
6  **He's never really been poor.**  (never really – nunca jamás)
7  **He hasn't had any worries.**  (worry – problema)
8  **His father has always helped him.**  (always – siempre)

El uso en inglés de esta forma es mucho más estricta que en español. En inglés sólo se usa para enunciar tiempo que incluye el pasado y el presente. **His father has always helped him** quiere decir 'su padre le ha ayudado en el pasado y todavía le ayuda ahora'. Lo que ésto quiere decir es que siempre debe usarlo para traducir 'hace dos meses que' o 'lleva dos meses': **He has been here two months.** Una palabra de aviso es que mucho españoles piensan que pueden usar la misma forma en inglés para decir por ejemplo: 'ha venido el sábado'. Esto no se debe hacer. Nadie de habla inglesa, ya sea inglés, irlandés, americano, australiano, o sudafricano, usará **have** en esta ocasión, porque el sábado ha pasado y todo el énfasis de **have** es para indicar que la situación continúa. La única forma de decir 'llegó ayer' es usar el indefinido: **He arrived yesterday.**

CONVERSACION

| | | |
|---|---|---|
| *Christine* | **What do you do?** | ¿Qué haces? |
| *Martin* | **Well, it's quite a boring job. But there are compensations. I'm going to Japan soon.** | Bueno, es un trabajo muy aburrido, pero hay compensaciones. Pronto voy al Japón. |
| *Christine* | **Really? That's exciting.** | ¿De veras? Eso es interesante. |
| *Martin* | **Yes, it is.** | Si, lo es. |
| *Christine* | **Have you been there before?** | ¿Has estado allí antes? |
| *Martin* | **No, never. I went to Singapore once, but not Japan.** | No, nunca. He ido a Singapur una vez, pero no al Japón. |
| *Christine* | **I've always wanted to travel.** | Siempre he querido viajar. |
| *Martin* | **Why don't you?** | ¿Porqué no lo haces? |
| *Christine* | **It's all right if you're a man. It's not easy for a woman.** | Está bien si eres un hombre. No es fácil para una mujer. |
| *Martin* | **I don't see why.** | No veo porqué. |

## 79 no

| | |
|---|---|
| **no X** [NOU] | nada, ninguno |
| **no-one** [NOU UAN] | nadie |
| **nobody** [NOUBeDi] | nadie |
| **nothing** [NAZHing] | nada |
| **nowhere** [NOU UEAR] | ningún sitio |
| **I've got no money.** | No tengo nada de dinero. |
| **There's no-one here.** | No hay nadie aquí. |
| **Nothing for me, thank you.** | Nada para mi gracias. |

Vuelva a la sección 64 y vea **no** es como **not any**, **no-one** como **not anyone**, etc.

### Ejercicio 80

*Complete estas frases usando una de las palabras anteriores.*
1  **We've got ... to live.**
2  **... more potatoes for me, please.**   (potato – patata)
3  **I know ... about it.**
4  **There are ... cigarettes in the house.**
5  **... can explain why.**   (explain – explicar)
6  **There's ... to eat.**   (eat – comer)
7  **... likes him.**

## 80 have to (tener que)

| | |
|---|---|
| **Do you have to go now?** | ¿Tiene que irse ahora? |
| **She has to be there at six.** | Tiene que estar allí a las seis. |

Hasta ahora **have to** es igual que **must**, pero **have to** usa la forma del imperfecto, mientrás que **must** no tiene otras formas:

| | |
|---|---|
| **It's late. We have to/We must find a hotel.** | Es tarde. Tenemos que/debemos encontrar un hotel. |
| **It was late, and we had to find somewhere to sleep.** | Era tarde y teníamos que encontrar donde dormir. |
| **He failed the test, so he had to do it again.** | Suspendió el examen, entoncés tuvo que repetirlo. |

En el primer ejemplo se puede usar **must**. En el segundo y tercer ejemplos solo se puede usar el imperfecto de **have to**. No obstante, si se añade **not**, los dos verbos tienen significados diferentes.

| | |
|---|---|
| **You musn't eat that. (It's poisonous.)** | No debes comer éso. (Es venenoso.) |
| **You don't have to eat that.** | No tienes que comer éso si no quieres. |

## Ejercicio 81

*Traduzca estas frases indicando donde podría usar* **have to** *o* **must,** *sin cambiar el significado:*

1 **I don't have to go now. I'll get a taxi.** (**now** – ahora)
2 **It's a 9.30 plane, and he has to be there an hour in advance.**
3 **At my school we had to do gymnastics.**
4 **The doctor says he must stop smoking.** (**smoke** – fumar)
5 **You mustn't take life too seriously.** (**life** – vida)
6 **We had to work late on Friday.** (**late** – tarde)
7 **Girls don't have to do military service.**
8 **You must admit, it's very interesting.**
9 **You have to be seventeen to drive a car.** (**drive** – conducir)

## Ejercicio 82

*Complete:*

| | |
|---|---|
| **He (1) ... for a firm in town. It's something like insurance (2) ... transport.** | Trabaja para una firma en la ciudad. Es algo como seguros o transporte. |
| **I know he works (3) ..., and certainly he is (4) ... paid. He looks (5) ... but in fact he must (6) ... fairly old. After all, (7) ... gets that sort of job at eighteen. I suppose he (8) ... to college, and then did military service, and he's (9) ... there for four years or (10) ... more.** | Se que trabaja duro y le pagan bién. Parece muy jóven pero en realidad debe ser bastante mayor. Después de todo nadie consigue ese tipo de trabajo a los 18 años. Supongo que fué a la universidad y después hizo el servicio militar, y ha trabajado allí durante cuatro años o más. |

## CONVERSACION

| | | |
|---|---|---|
| *Susan* | **That was delicious. I haven't eaten so well for ages.** | Eso era delicioso. Hace tiempo que no he comido tan bién. |
| *Michelle* | **Do you want another cup of coffee?** | ¿Quieres otra taza de café? |
| *Susan* | **No, thanks. I'll have to go on a diet for a week.** | No, gracias. Tendré que ponerme a dieta, durante una semana. |
| *Michelle* | **Are you serious? Do you have to diet?** | ¿En serio? ¿Estás a dieta? |
| *Susan* | **No, actually. I don't get fat.** | No, en realidad no engordo. |
| *Michelle* | **You're lucky.** | Tienes suerte. |
| *Susan* | **Yes. I'll wash the dishes.** | Si. Fregaré los platos. |
| *Michelle* | **You don't have to.** | No tienes que hacerlo. |
| *Susan* | **It's all right. I like doing it.** | No importa. Me gusta hacerlo. |
| *Michelle* | **Nobody likes washing dishes.** | A nadie le gusta fregar los platos. |
| *Susan* | **I find it quite relaxing.** | Lo encuentro muy relajante. |

## 81 Palabras que expresan tiempo

| (pasado) | (este) | (próximo) |
|---|---|---|
| last week (semana) | this week | next week |
| last month (mes) | this month | next month |
| last year (año) | this year | next year |

### Ejercicio 83

*Complete:*

| | |
|---|---|
| 1 **I'll see you again ... year.** | Te veré de nuevo el año que viene. |
| 2 **We arrived last ...** | Llegábamos la semana pasada. |
| 3 **It was very cold and wet ... month.** | Hacía mucho frío y llovía el mes pasado. |
| 4 **I start my new job ... month.** | Empiezo mi nuevo trabajo el mes que viene. |
| 5 **We haven't done very well so far ...** | No nos ha ido muy bien hasta ahora este año. |
| 6 **I saw her in the street ...** | La vi en la calle la semana pasada. |

## 82 been to

| | |
|---|---|
| **Have you ever been to Egypt?** | ¿Has estado alguna vez en Egipto? |
| **No, I've never been to Egypt.** | No, nunca he estado en Egipto. |

Es una construcción algo rara, pero la más común para expresar esta idea.

### Ejercicio 84

*Complete usando* **been to.**

| | |
|---|---|
| 1 **... America.** | Ella nunca ha ido a América. |
| 2 **... New York once.** | He ido a Nueva York una vez. |
| 3 **... the West Coast.** | No he ido a la Costa Oeste. |
| 4 **My parents ... California.** | Mis padres han ido a California. |
| 5 **... the USA?** | ¿Has ido a los Estados Unidos? |

## 83 going to (ir)

| | |
|---|---|
| **She's going to be sick.** | Ella va a vomitar. |

**be going to** es exactamente igual que el español 'ir', una manera muy normal de expresar el futuro inmediato. El problema está en la comprensión, ya que los ingleses tienen la costumbre de unir las palabras tanto, que en vez de oir [GOUin TU], solamente se oye [GeNe]. Tome nota. En los tebeos incluso se escribe 'gonna'.

**She's going to have a baby.**
[SHISZ GeNe HAEV e BEIBi]
**I'm going to have an early night tonight.**
[AIM GeNe HAEV eN ERLi NAIT TeNAIT]

Va a tener un bebé.

Voy a acostarme pronto esta noche.

### Ejercicio 85

*Complete, usando* **going to**:

| | | |
|---|---|---|
| 1 | **... have an accident soon.** | El va a tener un accidente pronto. |
| 2 | **What ... do?** | ¿Qué vas a hacer? |
| 3 | **... like this, but.** | No te va a gustar esto, pero. |
| 4 | **... tell me your name?** | ¿Vas a decirme tu nombre? |
| 5 | **... rain tomorrow.** | Va a llover mañana. |
| 6 | **... say anything.** | No voy a decir nada. |
| 7 | **The programme ... end in a minute.** | El programa va a terminar en un minuto. |
| 8 | **How ... live?** | ¿Como van a vivir? |

## 84 Viajar

| | | | |
|---|---|---|---|
| **go by car** | ir en coche | **drive** | conducir |
| **go by plane** | ir en avión | **fly** | volar |
| **go by train** | it en tren | | |

Como vé siempre se va **by** algún medio: **by bus** (en autobús), **by ship** (en barco), **by bicycle** (en bicicleta). Hay una excepción: se va **on foot** cuando se va a pié.

### CONVERSACION

*Philip*  **What are you going to do this summer?**  ¿Qué vas a hacer este verano?

*George*  **I'm planning to go to London.**  Pienso ir a Londres.

*Philip*  **Yes? How are you going to go?**  ¿Sí? ¿Cómo vas a ir?

*George*  **By air.**  En avión.

*Philip*  **Not by car?**  ¿No en coche?

*George*  **No. You don't really want a car in a place like that.**  No. En realidad uno no quiere coche en un sitio como ése.

*Philip*  **No? I've never been there.**  ¿Nó? Nunca he estado allí.

## 85 since, for

| | |
|---|---|
| **I've been here since Tuesday.** [SINS] | He estado aquí desde el martes. |
| **I've been here since 9 a.m.** | He estado aquí desde las 9 de la mañana. |
| **I've been here for two days.** [FOR] | Hace dos días que estoy aquí. |
| **I've been here for over an hour.** | Hace mas de dos horas que estoy aquí. |

**Since** quiere decir desde un punto: **Since when?** ¿Desde cuándo?. **For** quiere decir durante un rato: **For how long?** ¿Durante cuánto?

**Ejercicio 86**

*Complete usando* **since** *o* **for***:*
1  He's (he has) worked there ... six months.
2  He's worked there ... last April.
3  Have you lived here ... you were a child?  (**child** – niño)
4  She's been ill ... month now.  (**ill** – enfermo; **month** – mes)
5  I haven't seen him ... two years.  (**see** – ver)
6  ... when have you been an expert on computers?
7  She's loved him ... she was ten years old.  (**love** – querer)
8  It hasn't worked properly ... ages.  (**work properly** – funcionar)

Las formas de los verbos en inglés expresan importantes diferencias de significado. Digamos que hay alguién en quien está interesado y quiere averiguar algo sobre esa persona. Digamos que alguien le dice una de las siguientes dos cosas: ¿Hace diferencia?

**X was married for three years.**  (**married** – casado)
**X has been married for three years.**

Desde luego que hace diferencia. Trate de encontrar la diferencia antes de seguir adelante.

**X was married** le dice que fué en el pasado, que la persona en quien está interesado ahora es libre; **has been** le dice que todavía continúa, que esa persona aún está casada.

O suponga que lleva una cámara de fotos a arreglar, y vuelve a la tienda algún tiempo después, y le dicen que la cámara no está lista. Pregunta ¿porqué no? y le dicen que es debido a una huelga en la fábrica. Oye una de estas frases:

**The factory is on strike for three weeks.**  (**factory** – fábrica; **strike** – huelga)
**The factory has been on strike for three weeks.**
**The factory was on strike for three weeks.**

Sólo cambia el verbo en esas frases, pero el sentido cambia bastante. En la primera parece ser que tienen pensada una huelga de tres semanas, y puede ser que esté a punto de terminar. En la tercera, con **was**, la huelga de tres semanas ha terminado ya. En la segunda que la huelga empezó hace tres semanas y no ha terminado aún, y no saben cuando o si va a terminar. Es por esta razón que debe prestar mucha atención a las formas de los verbos en inglés.

## 86 The body (el cuerpo)

| | | | | |
|---|---|---|---|---|
| **arm** [ARM] | brazo | | **hand** [JHAEND] | mano |
| **leg** [LEG] | pierna | | **foot** [FUT] | pié |
| | | | (**feet** [FIT] | piés) |
| **head** [JHED] | cabeza | | **neck** [NEK] | cuello |
| **chest** [TCHEST] | pecho | | **back** [BAEK] | espalda |

### Ejercicio 87

*Traduzca estas preguntas, contestando en inglés:*

1 **What is on your neck?**   (¿Que tienes en el cuello? La cabeza.)
2 **What are on your arms?**
3 **What are on your legs?**
4 **What is on your chest?**
5 **What do you walk with?**   (**walk** – caminar)
6 **What is under your neck?**   (**under** – bajo)

### CONVERSACION

| | | |
|---|---|---|
| *Jenny* | **Ow!** | ¡Ah! |
| *Daniel* | **What's wrong?** | ¿Qué pasa? |
| *Jenny* | **It's my foot.** | Es mi pié. |
| *Daniel* | **What have you done to it?** | ¿Qué has hecho? |
| *Jenny* | **I don't know. It hasn't been right for ages.** | No sé, hace tiempo que me duele. |
| *Daniel* | **You should see a doctor.** | Deberías ir al médico. |
| *Jenny* | **Yes. It's been like this since about March.** | Si. Está así desde alrededor de Marzo. |
| *Daniel* | **How did it happen?** | ¿Cómo te pasó? |
| *Jenny* | **I think it was a game of tennis.** | Creo que fué un partido de tenis. |
| *Daniel* | **And you haven't seen a doctor?** | ¿Y no has visto a un médico? |
| *Jenny* | **No, not yet.** | No, todavía no. |

# Lección 6

## 87 -er (comparativo de superioridad)

| | |
|---|---|
| **red – redder** [REDA] | rojo – más rojo |
| **old – older** [OULDA] | viejo – más viejo |
| **rich – richer** [RiCHer] | rico – más rico |
| **easy – easier** [ISZier] | fácil – más fácil |
| **safe – safer** [SEIFer] | seguro – más seguro |

Con un adjetivo de una o dos sílabas, el comparativo de superioridad se forma añadiendo -er. Esta misma regla se aplica en inglés a otras terminaciones. Una palabra que ya termina con **e**, sólo añade la **r**: safe – safer. Las palabras que terminan en consonante precedida de vocal, doblan la consonante para mantener la pronunciación original de la vocal. La **y** después de consonante cambia a **i**: easy – easier. He aqui algunos de los adjetivos irregulares:

| | |
|---|---|
| **good – better** [BETA] | bueno – mejor |
| **bad – worse** [UERS] | malo – peor |
| **far – farther** o **further** [FARDHer, FERDHer] | lejos – más lejos |
| **much, many – more** [MOR] | mucho – más |
| **little – less** [LES] | poco, pequeño – menos |

### Ejercicio 88

*Complete con el comparativo, tenga cuidado con la ortografía:*

| | | |
|---|---|---|
| 1 | **He's going to get a ... (big) car.** | Va a comprar un coche nuevo. |
| 2 | **Yesterday was ... (nice).** | Ayer hizo bueno. |
| 3 | **I've never seen ... (bad) work.** | No he visto trabajo peor. |
| 4 | **It won't cost ... (little) next year, it'll probably cost ... (much).** | No costará menos el año que viene, probablemente costará más. |
| 5 | **It's often ... (cold) in January.** | A veces hace más frio en Enero. |
| 6 | **The city centre is ... (far) but ... (good) for shops.** | El centro de la ciudad está más lejos pero las tiendas son mejores. |
| 7 | **That must be yours. Mine is ... (small).** | Ese debe ser tuyo. El mío es más pequeño. |
| 8 | **I like my coffee a little ... (hot).** | Me gusta el café más caliente. |

## 88 more (más)

**difficult – more difficult** [MOR DIFiKeLT]  más difícil
**important – more important** [MOR iMPORTeNT]  más importante
**careful – more careful** [MOR KEARFeL]  con más cuidado

Con adjectios polisílabos, no se añade -**er**. En su lugar se usa **more** delante del adjetivo. Esta regla es posiblemente para dar facilidad al hablar, ya que depende únicamente en la longitud de la palabra: palabras monosílabas siempre añaden -**er** (**small, smaller**); una palabra trisílaba nunca añade -**er** sino **more** (**important, more important**). Esto nos deja con las palabra bisílabas. La mayoría usan **more** (**careful, more careful**), pero por ejemplo las que terminan en **y** añaden -**er** (**easy, easier**), en caso de duda use **more** en vez de -**er**.

### Ejercicio 89

*Complete:*

1 **The situation is becoming ... (dangerous) every day.**  La situación se hace cada día más peligrosa.
2 **I've never seen her look ... (happy).**  Nunca la he visto más contenta.
3 **That road is ... (slow) but ... (attractive).**  Esa carretera es más lenta pero más atractiva.
4 **That's ... (good).**  Eso es mejor.
5 **He'd like you to be ... (careful).**  Quiere que tengas mas cuidado.
6 **It's ... (quick) shopping in a supermarket.**  Es más rápido comprar en un supermercado.
7 **He's got two ... (old) brothers.**  Tiene dos hermanos mayores.
8 **It's going to get ... (bad).**  Se va a volver peor.

### CONVERSACION

| | | |
|---|---|---|
| *Martin* | **The summer exhibition's on.** | La exhibición de verano está abierta. |
| *Jean* | **I know. I went yesterday.** | Ya lo sé. Fuí ayer. |
| *Martin* | **Yes? What did you think of it?** | ¿Sí? ¿Qué te pareció? |
| *Jean* | **It's not bad.** | No está mal. |
| *Martin* | **I saw it last year.** | La ví el año pasado. |
| *Jean* | **It's certainly bigger and better this year.** | Desde luego es más grande y mejor este año. |
| *Martin* | **Maybe I'll go tomorrow.** | Quizás vaya mañana. |
| *Jean* | **It's also more expensive this year. It's nearly twice the price.** | También es más cara este año. Es casi el doble de precio. |
| *Martin* | **Yes? Maybe I won't go.** | ¿Sí? Quizás no iré. |

## 89 like (como)

| | |
|---|---|
| **He eats like a horse.** [LAIK] | Come como un caballo. |
| **He drove like a maniac.** | Conducía como un loco. |
| **It sounds like my sister's voice.** | Suena como la voz de mi hermana. |
| **He looks like an Indian.** | Parece un indio. |

Like se usa con la idea de preguntar la opinión de otra persona:
**What's it like?** (¿qué tal es?).

| | |
|---|---|
| **What's the weather like today?** | ¿Qué tal tiempo hace hoy? |
| **What's your new boss like?** | ¿Cómo es tu nuevo jefe? |

### Ejercicio 90

*Imagine que alguien ha regresado de un viaje. Hágale estas preguntas usando* **like:**

| | |
|---|---|
| 1  **the food** (la comida) | ¿Qué tal era la comida? |
| 2  **the people** (la gente) | ¿Cómo era la gente? |
| 3  **the weather** (el tiempo) | ¿Cómo era el tiempo? |
| 4  **the hotels** (los hoteles) | ¿Qué tal son los hoteles? |
| 5  **the flight** (el vuelo) | ¿Qué tal fué el vuelo? |
| 6  **the prices** (los precios) | ¿Qué tal son los precios? |

## 90 self

| | | | |
|---|---|---|---|
| **myself** [MAISELF] | me, yo mismo | **ourselves** [AURSELVSH] | nosotros, nosotros mismos |
| **yourself** [YORSELF] | te, tu mismo | **yourselves** [YORSELVSH] | vosotros, vosotros mismos |
| **himself** [JHIMSELF] | le, él mismo | **themselves** | éllos, |
| **herself** | la, élla misma | | éllos mismos |
| **itself** | lo (neutro) | | |

### Ejercicio 91

*Complete, usando* **self:**

| | |
|---|---|
| 1  **Did she do it all ...?** | ¿Lo hizo élla misma? |
| 2  **The house ... cost a million.** | La casa sólo cuesta un millón |
| 3  **You only did it for ...** | Lo hiciste para tí mismo. |
| 4  **I saw him ...** | Le ví yo mismo |
| 5  **We're going to be there ...** | Vamos a estar allí. |
| 6  **The people ... are all right.** | La gente misma está bien. |
| 7  **The boss ... agrees.** | El jefe mismo está de acuerdo. |
| 8  **You haven't been there ...?** | ¿Tú no estabas allí? |

La diferencia entre **yourself** y **yourselves** es sólo cuestión de número:
**yourself** si habla a una persona, **yourselves** si habla a más de una persona.

Las palabras que acaba aprender se usan también en la forma reflexiva.

| | |
|---|---|
| **Please help yourself.** | Por favor, sírvete tu mismo. |
| **I ask myself this question.** | Me pregunto yo mismo esta pregunta. |
| **He's going to hurt himself.** | Se va a hacer daño a si mismo. |

**Ejercicio 92**

*Traduzca:*

1 **They all want to make themselves richer.** (**make** – hacer)
2 **I couldn't stop myself from laughing.** (**laugh** – reir)
3 **You have to look after yourself.** (**look after** – cuidar)
4 **It's a bit banal. It repeats itself too much.** (**a bit** – un poco)
5 **We must decide for ourselves.** (**decide** – decidir)
6 **He keeps himself very fit.** (**keep** – mantener; **fit** – saludable)
7 **She's cut herself.** (**cut** – cortar)
8 **Make yourselves at home.** (**at home** – confortable)

Ya que estamos con éllo puede aprender también las siguientes frases.

| | |
|---|---|
| **by myself, by himself, by ourselves** | sólo |
| **She went to America by herself.** | Ella se fué a América sóla. |
| **They were by themselves all day.** | Estaban sólos todo el día. |

## CONVERSACION

| | | |
|---|---|---|
| *Gillian* | **I'm going home now.** | Me voy a casa ahora. |
| *Catherine* | **That's not like you.** | Esa no eres tú. |
| *Gillian* | **What do you mean?** | ¿Qué quieres decir? |
| *Catherine* | **You usually stay longer.** | Normalmente te quedas más. |
| *Gillian* | **You mean I make myself a pest?** | ¿Dices que normalmente soy una pesada? |
| *Catherine* | **I didn't say that. I mean you're more sociable, usually.** | No dije éso. Dije que normalmente eres más sociable. |
| *Gillian* | **Well, I'm older now. I like being by myself.** | Bueno, soy ya mayor. Me gusta estar sóla. |
| *Catherine* | **Well, see you tomorrow.** | Bueno, te veré mañana. |

## 91 each other (se)

**They love each other madly.** [ICH ADHer]   Se aman locamente

**Each other** es una frase muy conveniente en inglés porque evita la ambigüedad de 'se quiere', 'nos queremos'. **We love ourselves** quiere decir que nos amamos a nosotros mismos; **We love each other** es sin embargo que nos amamos el uno al otro.

### Ejercicio 93

*Complete:*

| | | |
|---|---|---|
| 1 | **The children looked at ... in the mirror.** | Los niños se miraban al espejo. |
| 2 | **The children looked at ... in the mirror.** | Los niños se miraban el uno al otro en el espejo. |
| 3 | **The students helped ...** | Los estudiantes se ayudaban. |
| 4 | **The students helped ...** | Los estudiantes se ayudaban el uno al otro. |
| 5 | **They understand ... better.** | Se entiended el uno al otro mejor. |
| 6 | **Can you identify ...?** | ¿Podéis identificaros? |

## 92 La voz pasiva

| | |
|---|---|
| **Is the train expected soon?** | ¿Se espera pronto al tren? |
| **Those people are paid too much.** | A esas personas se les paga demasiado. |
| **The cups are made of plastic.** | Las tazas son de plástico. |

La voz pasiva se usa en inglés para traducir la forma impersonal del español. Cuando en español se usa 'se', 'se dice', o 'dicen', en inglés se usará la voz pasiva: 'se dice', **It is said.**

| | |
|---|---|
| **The house is being redecorated.** | Se está pintando la casa. |
| **Are you being treated well?** | ¿Te tratan bien? |

Como antes, **be -ing** es para una situación temporal o que ocurre en el presente.

| | |
|---|---|
| **It has never been done.** | Nunca se ha hecho. |
| **Have you been invited to the party?** | ¿Te han invitado a la fiesta? |

Recuerde que **have -ed** se emplea en situaciones que han empezado en el pasado y continúan en el presente. De esta forma, la voz pasiva usará el tiempo adecuado de **be** y el participio pasado.

| | |
|---|---|
| **She was killed in a car crash.** | Ella se mató en un accidente de coche. |

| | |
|---|---|
| **Were you told the new arrangements?** | ¿Te han dicho los planes nuevos? |
| **Lunch will be taken at 1 p.m.** | La comida será a la 1 de la tarde. |
| **Will I be given a visa?** | ¿Me darán un visado? |
| **It can't be guaranteed.** | No se puede garantizar. |
| **Would you like to be met?** | ¿Quieres que te recojan? |

**Ejercicio 94**

*Traduzca:*

1 **The criminal was taken to prison.** (take – llevar)
2 **You will be informed in the morning.** (inform – informar)
3 **He can't be expected to do that.** (expect – esperar)
4 **She's been drugged.** (drug – drogar)
5 **Three cups were broken.** (break – romper)
6 **The car's being repaired at the moment.** (repair – reparar)
7 **The government is elected for five years.**

# 93 Interrogaciones

| | |
|---|---|
| **Where do you come from?** | ¿De dónde vienes? |
| **What is he talking about?** | ¿De qué habla? |
| **Who did you talk to?** | ¿Con quién hablaste? |
| **Who did she dance with?** | ¿Con quién bailó? |

Este es el órden normal con interrogaciones de esta clase. Le parecerá extraño, pero mejor que se acostumbre a éllo.

CONVERSACION

| | | |
|---|---|---|
| *Mr Samson* | **Tell me about yourself. Where do you come from, etc...?** | Hábleme de Vd. ¿De dónde viene, etc...? |
| *George* | **Well, I was born in Yugoslavia. But then my father was moved to Switzerland. I went to school in Lausanne, and I went to college there, too.** | Bueno, nací en Yugoslavia. Pero después le trasladaron a mi padre a Suiza. Fuí al colegio en Lausana y también a la Universidad. |
| *Mr Samson* | **You studied metallurgy there.** | Allí estudió metalurgía. |
| *George* | **That's right.** | Exacto. |
| *Mr Samson* | **Were you interested in other things there? Clubs? Societies?** | ¿Le interesaban otras cosas allí? ¿Clubs? ¿Sociedades? |
| *George* | **I was quite active in student politics.** | Me interesaba la política estudiantil. |

## 94 than (que)

| | |
|---|---|
| **A kilometre is less than a mile.** | Un kilómetro es menos que una milla. |
| **New York is bigger than Washington.** | Nueva York es más grande que Washington. |
| **I do better work than you do.** | Yo hago el trabajo mejor que tú. |
| **She's older than me.** | Ella es mayor que yo. |

De vez en cuando los ingleses discuten entre sí sobre el último ejemplo, y muchos dirán que **She's older than me** no es correcto, debería ser **She's older than I.** En realidad pocas veces oirá el último. Pero si alguna vez tiene problemas diciendo, **She's older than I am** siempre acertará, y todo el mundo está de acuerdo que ésto es correcto.

## 95 as (tan ... como; más que)

| | |
|---|---|
| **She's as old as I am.** [AESZ OULD eSZ] | Es tan mayor como yo. |
| **English is not as difficult as Spanish.** | El inglés no es tan difícil como el español. |
| **It can't be as much as a hundred dollars.** | No puede ser tanto como cien dólares. |

### Ejercicio 95

*Complete:*

| | | |
|---|---|---|
| 1 | **Are you (cold) I am?** | ... tanto frio como ... |
| 2 | **Nothing is (important) to him ... his work.** | Nada es tan importante para él como su trabajo. |
| 3 | **He is (rich) Croesus.** | ... más rico que ... |
| 4 | **Is this car (fast) your old one?** | ... tan rápido como ... |
| 5 | **She is (pretty) her sister.** | ... más guapa que ... |
| 6 | **It was (bad) I expected.** | ... peor que ... |
| 7 | **I'd like something (expensive) that.** | ... más barato que ... |
| 8 | **Is he (nice) his brother?** | ... tan agradable como ... |
| 9 | **It's not (far) ten kilometres.** | ... más lejos de ... |
| 10 | **She looks (happy) she's looked for ages.** | ... más contenta que ... |

## 96 Telephoning (al teléfono)

| | |
|---|---|
| **Hello?** [JHeLOU] | ¿Digamé? |
| **This is Martin.** [DHiS iSH] | Soy Martín. |
| **Can I speak to Mr. X?** [KeN AI SPIK Tu] | ¿Está el Sr. X? |
| **Speaking.** [SPIKing] | Al habla. |
| **I'm calling from the station.** [AIM KOLING] | Llamo desde la estación. |

**Y** al final de la conversación se dice **goodbye** [GuDBAI] (adiós).

**Ejercicio 96**

*Encuentre frases -(a)/(b)/(c) etc.- para completar la siguiente conversación:*

| | |
|---|---|
| *Marie* | **Hello?** |
| | (1) |
| *Marie* | **My name is Baker. Marie Baker.** |
| | (2) |
| *Marie* | **Yes, I want to change a booking.** |
| | (3) |
| *Marie* | **I have a flight booked for tomorrow.** |
| | (4) |
| *Marie* | **To Los Angeles. I want to go the next day.** |
| | (5) |
| *Marie* | **That's right.** |
| | (6) |
| *Marie* | **Thank you.** |
| | (7) |
| *Marie* | **Goodbye.** |

| | |
|---|---|
| (a) | **Yes, can I help you?** |
| (b) | **Can I have the details, please?** |
| (c) | **Translantic Travel, good afternoon.** |
| (d) | **On Thursday?** |
| (e) | **That's all arranged, Miss Baker.** |
| (f) | **Not at all.** (De nada.) **Goodbye.** |
| (g) | **Where to?** |

CONVERSACION

| | | |
|---|---|---|
| *Martin* | **Hello?** | Dígame? |
| *George* | **Hello, Martin?** | Oiga, ¿Martín? |
| *Martin* | **Speaking.** | Al habla. |
| *George* | **It's George.** | Soy Jorge. |
| *Martin* | **Hello, George. How's life?** | Hola Jorge. ¿Que tal te va la vida? |
| *George* | **The same as usual. Look, can I come and see you tomorrow?** | Igual que siempre. Mira ¿puedo ir a verte mañana? |
| *Martin* | **Sure. What's it about?** | Seguro. ¿De que se trata? |
| *George* | **It's a bit delicate.** | Es un poco delicado. |
| *Martin* | **Is it something to do with your brother?** | ¿Es algo que ver con tu hermano? |
| *George* | **Yes, that's right.** | Si, exacto. |
| *Martin* | **Drunk again?** | ¿Borracho otra vez? |
| *George* | **No. It's worse than that.** | No, Es peor que éso. |

## 97 Nombres y adjetivos

Ya se habrá dado cuenta que en inglés se usa un orden diferente de palabras para los adjetivos. El nombre se pone al final del grupo de palabras, no al principio: **a very friendly policeman** (un policía muy amable). El orden de palabras es inverso. Puede usar este orden para hacer un adjetivo más descriptivo.

| | |
|---|---|
| a **London taxi** | un taxi londinense |
| a **summer evening** | una tarde de verano |
| a **design consultant** | un asesor de diseño |
| a **car door** | una puerta de coche |

**Ejercicio 97**

*Ponga estas frases en una forma más corta y normal:*

| | | |
|---|---|---|
| 1 | **a dress made of cotton** | un vestido de algodón |
| 2 | **a band on the head** | una diadema |
| 3 | **a worker in the office** | un oficinista |
| 4 | **a train in the morning** | un tren por la mañana |
| 5 | **a sandwich with ham** | un bocadillo de jamón |
| 6 | **soup made with fish** | sopa de pescado |
| 7 | **a hospital for maternity** | una clínica de maternidad |

Podrá encontrar, y construir, muchos más ejemplos como estos.

## 98 Orden de los adjetivos

Cuando se encuentre con más de un adjetivo, el adjetivo tomado de un sustantivo se pone al final: **an old London taxi** (un viejo taxi londinense), **a beautiful summer evening** (una hermosa tarde de verano). De otro modo, el orden es, tamaño, después color, después material: **a long/short** (largo/corto), **green/brown** (verde/marrón), **nylon/cotton** (nylon/algodón), **robe** (bata). La calidad, como **good/bad/pretty** (bueno/malo/bonito) va primero.

**Ejercicio 98**

*Ponga lo siguiente en órden:*
1 **a sandwich, expensive, ham**
2 **a dress, black, small**
3 **a bag, plastic, big**
4 **a car, red, sports, small**
5 **a house, little, pretty**
6 **a wine, good, red**

# 99 Adjetivos compuestos

| | |
|---|---|
| a forty-hour week (a week of forty hours) | una semana de 40 horas |
| a six-man group (a group of six men) | un grupo de 6 hombres |

Primero, en esta posición el plural se hace singular (**men** se hace **man**), y segundo, al escribirlo se usa un guión para unir las partes del nuevo adjetivo. De esta forma, un billete de diez dólares se hace **a ten-dollar bill**. En esta ocasión en inglés se usa **note** en vez de **bill**, así un billete de diez libras esterlinas será **a ten-pound note**.

**Ejercicio 99**

*Escriba de nuevo estas frases en su forma más corriente:*

| | | |
|---|---|---|
| 1 | **a delay of thirty minutes** | un retraso de treinta minutos |
| 2 | **a note of a thousand pesos** | un billete de mil pesos |
| 3 | **a car with four doors** | un coche con cuatro puertas |
| 4 | **a dinner of five courses** | una cena de cinco platos |
| 5 | **a walk of ten kilometres** | un paseo de diez kilómetros |
| 6 | **a group all of women** | un grupo de todo mujeres |

## CONVERSACION

| | | |
|---|---|---|
| *(In a department store)* | | *(en un almacen de departamentos)* |
| Michelle | **Excuse me.** | Perdón. |
| Woman | **Yes. Can I help you?** | Si. ¿Qué desea? |
| Michelle | **Please. I'm looking for some shoes.** | Por favor. Estoy buscando zapatos. |
| Woman | **Are they for yourself?** | ¿Son para Vd.? |
| Michelle | **Yes.** | Si. |
| Woman | **Fashion shoes or sports wear?** | ¿Zapatos de vestir o de sport? |
| Michelle | **Sports wear.** | De sport. |
| Woman | **Ladies' sports wear is on the third floor.** | La sección de sport de señoras está en el tercer piso. |
| Michelle | **Thank you.** | Gracias. |
| Woman | **You're welcome.** | De nada. |

## 100 Números quebrados

1/2  **half** [JHAF, JHAEF]
1/3  **third** [ZHERD]
1/4  **a quarter** [<u>KUOR</u>Ter]
1/5  **a fifth** [FiFZH]
1/6  **a sixth** [SiKSZH]

| | |
|---|---|
| **half an hour** [JHAF N AUR] | media hora |
| **a half-hour** [A JHAF AUR] | media hora |
| **one and a half hours** | una hora y media |
| **an hour and a half** | una hora y media |
| **a quarter of an hour** | un cuarto de hora |
| **a tenth of a millimetre** | una décima de milímetro |

**Ejercicio 100**

*Practique usando estos ejemplos:*
1  **I had 1/2 a cup of coffee.**  (a cup – una taza)
2  **2/3 of the population were affected.** (**two thirds** – dos tercios)
3  **I feel 1/2 dead.**  (**feel** – sentir; **dead** – muerto)
4  **The theatre was 3/4 full.**  (**full** – lleno)
5  **I bought 1 1/2 kilos of beef.**  (**buy** – comprar; **beef** – carne)
6  **We've done 1/4 of the distance.**
7  **I'm tired 9/10 of the time.**  (**tire** – cansar)
8  **And I'm bored the other 1/10.**  (**bore** – aburrir)

## 101 at 's (con X)

Recordará que hay una forma posesiva que usa s y apóstrofe: **my boss's wife** (la esposa de mi jefe), **the technicians' union** (el sindicato de técnicos). La misma forma puede significar la casa o tienda de alguién.

| | |
|---|---|
| **I'm staying at my sister's.** | Estoy en casa de mi hermana. |
| **Buy it at the baker's.** | Cómpralo en la panadería. |
| **It was repaired at the jeweller's.** | Lo arreglaron en la joyería. |
| **There's a barbecue at the Smiths'.** | Hay barbacoa en casa de los Smith. |

Fíjese que un nombre familiar se hace plual en inglés: **the Francos** (los Franco).

## Ejercicio 101

*Complete:*

| | | |
|---|---|---|
| 1 | **You get better food ... (mother).** | Se come mejor en casa de mi madre. |
| 2 | **She works ... (hairdresser).** | Ella trabaja en la peluquería. |
| 3 | **He's staying ... (friend).** | Está en casa de su amigo. |
| 4 | **Beef is often cheaper ... (butcher).** | La carne es a veces más barata en la carnicería. |
| 5 | **I saw her ... (doctor).** | La ví en el médico. |
| 6 | **We're meeting ... (Martina).** | Nos reunimos en casa de Martina. |

La forma posesiva está reservada a las personas, pero también se emplea para medidas: **half a day's work** (medio día de trabajo), **ten pounds' worth of petrol** (diez libras de gasolina). A propósito, en inglés se usa **petrol** para la gasolina, en América se dice **gas: ten dollars' worth of gas.**

# 102 Probabilidad

| | |
|---|---|
| **certain – certainly** | [SERT'N] – [SERT'NLI] |
| **probable – probably** | [PROB'BL, – PROB'BLI] |
| **possible – possibly** | [POS'BL, – POS'BLI] |
| **impossible – impossibly** | [IMPOS'BL, – IMPOS'BLI] |

| | |
|---|---|
| **It is possible that I will see you tomorrow.** | Es muy posible que podré verte mañana. |
| **Will he be fired? Certainly.** | ¿Le van a despedir? Seguro. |

## CONVERSACION

| | | |
|---|---|---|
| *George* | **Wait a minute.** | Espera un momento. |
| *Philip* | **What's wrong?** | ¿Qué pasa? |
| *George* | **I left my driving licence at your brother's.** | Me dejé mi carnet de conducir en casa de tu hermano. |
| *Philip* | **That's not serious.** | No tiene importancia. |
| *George* | **Are you allowed to drive without one?** | ¿Puedes conducir sin carnet? |
| *Philip* | **I don't know. But we can always go back and get it.** | No sé. Pero siempre podemos volver a recogerlo. |
| *George* | **I don't want to be stopped for something like that.** | No quiero que me paren por algo asi. |
| *Philip* | **They won't stop you.** | No te van a parar. |
| *George* | **It's always possible.** | Siempre es posible. |

# Lección 7

## 103 be able to (poder)

| | |
|---|---|
| He hasn't been able to do it. [EIBL] | No ha podido hacerlo. |
| It's nice, being able to help. | Está bien poder ayudar. |
| I'd like to be able to say 'Yes'. | Me gustaría poder decir 'Sí'. |

**Can** y **could** traducen perfectamente 'poder', pero solamente en presente e imperfecto, no tienen infinitivo ni ninguna otra forma, para ésto se debe usar **able**.

### Ejercicio 102

*Complete usando* **can, could** *o* **be able to:**

| | |
|---|---|
| 1  I ... see you tomorrow. | No podré verte mañana. |
| 2  I hope ... see you the next day. | Espero que podré verte el próximo día. |
| 3  I ... finish it in time. | No pude terminarlo a tiempo. |
| 4  It's marvellous, ... swim again. | Es maravilloso poder nadar de nuevo. |
| 5  Since the accident I ... sleep. | Desde el accidente no he podido dormir. |

## 104 who, which, that (quien, que)

| | |
|---|---|
| He's the man who attacked me. [JU] <br> He's the man that attacked me. [DHeT] | Es el hombre que me atacó. |
| Choose a wine that doesn't cost too much. <br> Choose a wine which doesn't cost too much. [OUITCH] | Elige un vino que no cueste demasiado. |

**Who** es para personas y **which** para cosas. **That** se puede usar para ambos, y desde luego es lo mas fácil para alguien que está empezando a aprender inglés, excepto que puede sonar un tanto ordinario cuando se use con una persona. Fíjese en estos ejemplos.

| | |
|---|---|
| He's the man I'm waiting for. <br> He's the man who I'm waiting for. <br> He's the man that I'm waiting for. | Es el hombre que estoy esperando. |

Esta es la elección cuando se trata de personas. De nuevo, algunos profesores y libros de gramática le dirán que use **whom** en los ejemplos anteriores. Esto ha desaparecido del inglés moderno, excepto después de una preposición, cuanto sí que se debe usar: **for whom, with whom**, etc.. En otros ejemplos suena un poco retórico.

| | |
|---|---|
| **They live in a house they bought in 1985.** | Viven en una casa |
| **They live in a house that they bought ...** | que compraron |
| **They live in a house which they bought ...** | en 1985. |

Esta es la elección cuando se refiere a cosas. De nuevo, detrás de una preposición se debe usar **which: to which, of which**, etc. Fíjese en los ejemplos dados hasta ahora y vea la diferencia entre **the man who attached me** y **the man (who) I attacked**. ¿Le ayuda saber que en el segundo caso **who** es el objeto? No obstante, en el segundo caso es posible, de hecho es mas corriente, omitir **who, that, which**. En el primer caso no se puede omitir.

### Ejercicio 103

*Complete, usando* **who, whom, which, that,** *o nada:*
1 **English is the only language ... I know.**
2 **He said something ... I didn't understand.** (understand – comprender)
3 **The people ... were there liked it.**
4 **You're the one ... I love.**
5 **You're the one ... loves me.**
6 **He's bought a car ... goes at 210 kph.**
7 **He drove it at 210 kph. for ... he was fined $400.** (fine – multar)


## CONVERSACION

| | | |
|---|---|---|
| *George* | **I want the office that deals with insurance.** | Quiero la oficina que trata con seguros. |
| *Official* | **Sorry, you'll have to come back later.** | Lo siento pero tendrá que venir mas tarde. |
| *George* | **Why? All I'm asking is where? It's not a difficult question.** | ¿Porqué? Todo lo que pregunto es ¿dónde? No es nada difícil. |
| *Official* | **The man who can answer it isn't here.** | El hombre que puede contestarle no está aquí. |
| *George* | **Is no one else able to answer it?** | ¿Nadie más puede contestar? |
| *Official* | **Officially, no.** | Officialmente, no. |
| *George* | **And unofficially?** | ¿Y, no oficialmente? |
| *Official* | **It's the second door on your left.** | Es la segunda puerta a la izquierda. |
| *George* | **Thanks.** | Gracias. |
| *Official* | **But it's closed today.** | Pero hoy está cerrado. |

## 105 enough, quite, rather (suficiente, bastante)

| | |
|---|---|
| **Enough is enough.** [INAF] | Ya está bién. |
| **I've had enough.** | Ya he tenido bastante. |
| **That's more than enough for me.** | Es más que suficiente para mi. |
| **It's not hot enough.** | No es suficientemente caliente. |

**Enough** va detrás de cualquier adjetivo al que califica. **He's good enough for the team.** (Es bastante bueno para el equipo).

| | |
|---|---|
| **It's quite a long way.** [KUAIT] | } Es un camio bastante largo. |
| **It's rather a long way.** [RADHer] | |
| **He's quite a good player.** | Es un jugador bastante bueno, |
| **He's rather good.** | Es bastante bueno. |

**Enough** quiere decir suficiente. **Quite** y **rather** quieren decir moderadamete, no suficiente. A los ingleses les parece extraño que 'bastante' traduzca las dos palabras. **Quite rich** realmente no es lo mismo que **rich enough**. En realidad, si alguien se quiere casar con su hija, **quite rich** definitivamente no es **rich enough.**

**Quite** y **rather** no sólo van delante del adjetivo, también van delante del artículo. Estas palabras causan un alto en la regularidad del orden de palabras en inglés. Palabras semejantes como **very** (muy) or **fairly** (razonablemente) siguen la regla: **a very good player, a fairly good player.**

### Ejercicio 104

*Complete, usando* **quite, rather, enough** *o* **very:**

| | |
|---|---|
| 1 It's ... (difficult) question. | Es una pregunta bastante difícil. |
| 2 That's ... (good) for children. | Es bastante bueno para niños. |
| 3 It's not ... (good) for me. | No es suficientemente bueno para mi. |
| 4 A city of a million people is ... big one. | Una ciudad de un millon de personas es bastante grande. |
| 5 A city of ten million is ... (big) one. | Una ciudad de diez millones de personas es una ciudad muy grande. |
| 6 He got ... (bad) shock. | Tuvo un susto bastante grande. |
| 7 He's not ... (stupid) man for that. | No es tan tonto como para éso. |
| 8 We had ... (nice) time in London. | Nos divertimos mucho en Londres. |

# 106 Medidas

m   metres [MITerS]
km   kilometres [KiLOMeTerS, KiLOUMITerS]
k   kilos, kilograms [KILOUS, KiLeGRAEMS]
l   litres [LITerS]
°   degrees [DeGRIS]
16.50°C   sixteen point five degrees Celsius
1.65 m   one metre sixty-five
15m²   fifteen square metres [SKUEAR] (square – cuadrados)
90 kmh   ninety kilometres an hour

Los ingleses también usan otras medidas: para distancias, **miles,** millas (1 m = 1.6 km), **feet,** pié (1 ft = 30 cm); para volúmen **gallons,** galones (1 gal = 4.51 l.); para peso **pounds,** libras (1 lb = 450 gm.); para temperatura **degrees Fahrenheit,** grados Fahrenheit (F32° = 0°C).

### Ejercicio 105

*Practique usando o escribiendo las abreviaciones completas:*
1   **He has a temperature of 37.5°.**   (temperature – temperatura)
2   **You aren't allowed more than 20 kg.**   (allow – permitir)
3   **The house was 2 km from the sea.**   (sea – mar)
4   **He's quite tall: about 1.80 m or 1.85 m.**   (tall – alto)
5   **The tank's not empty; 15 l. should be enough.**   (tank – tanque; **empty** – vacio)
6   **The speed limit is 100 kmph.**   (speed limit – límite de velocidad)
7   **The sea's about 18°; warm enough for swimming.**   (swim – nadar)
8   **He's about 90 kg; he wants to lose 1 kg a week.**   (lose – perder)

## CONVERSACION

| | | |
|---|---|---|
| *Paul* | **Do you remember John?** | ¿Te acuerdas de John? |
| *Andre* | **The person who was here last week?** | ¿La persona que estuvo aquí la semana pasada? |
| *Paul* | **No, he hasn't been here.** | No, no ha estado aquí. |
| *Andre* | **What does he look like?** | ¿Cómo es? |
| *Paul* | **He's quite big and heavy. Taller than you.** | Es bastante grande y pesado. Mas alto que tú. |
| *Andre* | **With short dark hair?** | ¿Con pelo oscuro? |
| *Paul* | **That's right.** | Exacto. |
| *Andre* | **He was here last week.** | Estuvo aquí la semana pasada. |
| *Paul* | **No, he wasn't.** | No, no estuvo. |
| *Andre* | **Anyway, what about him?** | De todas formas, ¿Que pasa con él? |
| Paul | **I can't remember now.** | Ya no me acuerdo. |

# 107 Sin artículo

Ya habrá notado que hay muchas ocasiones en inglés, como en español que el artículo no se usa, o no se necesita. Por desgracia estas ocasiones no coinciden en los dos idiomas. Por ejemplo el inglés no usa artículo con palabras abstractas usadas en un sentido general, como **hope** (esperanza), o **time** (tiempo).

| | |
|---|---|
| **How's life?** | ¿Que tal va la vida? |
| **Love is blind.** | El amor es ciego. |

Desde luego, estas palabras llevan artículo cuando son específicas: **I'd like the life of a pop star** (Me gustaría la vida de una estrella de música). **He needs the love of a good woman** (necesita el cariño de una buena mujer).

Cuando un español dice **She likes the life** (le gusta la vida), un inglés se preguntará '¿De que vida se trata?'. 'La vida' como un abstracto general no lleva artículo en inglés, es simplemente **life**. Lo mas irritante es que diferentes idiomas tienen diferentes opiniones sobre qué es general, indefinido o abstracto y qué no es. En inglés se hace mas fácil no poniendo artículo.

| | |
|---|---|
| **Bread and wine.** | Pan y vino |
| **Oil and vinegar.** | Aceite y vinagre |
| **They export copper and cement.** | Exportan cobre y cemento |

Estras palabras se describen como incontables, mientras que uno puede contar **a banana, two bananas, three bananas; an orange, two oranges** etc..., uno no puede contar una masa de **water** (agua), o **sugar** (azúcar), **bread** (pan) o **wine** (vino). Será que para los ingleses un plátano es concreto y azúcar es abstracto.

De nuevo, tales palabras 'incontables' siempre se pueden hacer contables. **Two coffees, please** – (Dos tazas de café por favor). **It's quite a good wine** (Es un vino bastante bueno). Algunas palabras muy comunes que en español son contables, no lo son en inglés. He aquí algunas de las palabras que siempre aparecen en exámenes de traductores:

| | | |
|---|---|---|
| **furniture** mobiliario | | **It's expensive furniture.** |
| **traffic** tráfico | | **There was heavy traffic.** |
| **work** trabajo | | **He hasn't got work.** |
| **luggage** equipage | | **The rack is for luggage.** |
| **weather** tiempo | | **What nice weather!** |
| **advice** consejo | | **I need advice.** |

Algunos lugares se consideran abstractos: **hospital, prison, school,** (hospital, prisión, escuela). **She is in hospital** quiere decir que está internada en el hospital. **She is in the hospital** es que está de visita en el hospital. **I learnt that at shool** – aprendí éso en el colegio, como alumno. Tampoco hay artículo con los deportes:

| | |
|---|---|
| **He plays tennis.** | Juega al tenis. |
| **I like chess.** | Me gusta el ajedrez. |
| **We're watching football.** | Estamos viendo el fútbol. |

O con comidas:

| | |
|---|---|
| **We're having breakfast.** | Estamos desayunando. |
| **He'll have lunch at home.** | Comerá en casa. |
| **Why not come to dinner?** | ¿Porqué no venís a cenar? |

Quizás es que los ingleses ven **breakfast** y **football** como indefinidos o abstractos. Muchos españoles no ven la lógica en esta parte del idioma y de todas formas dicen **the life** por 'la vida'. Si esto no tiene sentido tampoco para Vd., entonces la solución es que repase la lección de hoy aprendiendo cada ejemplo por separado y trate de recordarlo.

## CONVERSACION

| | | |
|---|---|---|
| *Joanne* | **What do we need?** | ¿Qué necesitamos? |
| *Helen* | **Bread, butter, sugar, tea.** | Pan, mantequilla, azúcar, té. |
| *Joanne* | **Milk, some oranges.** | Leche, naranjas. |
| *Helen* | **Oil.** | Aceite. |
| *Joanne* | **You're going to help.** | Vas a ayudar. |
| *Helen* | **Sorry. I'm going out. I'm going to work.** | Lo siento, voy a salir, voy a trabajar. |
| *Joanne* | **I'll have to do it all myself.** | Tendré que hacerlo todo yo sola. |
| *Helen* | **Yes, it looks like it.** | Sí, asi parece. |
| *Joanne* | **It's not fair.** | No es justo. |
| *Helen* | **That's life.** | Asi es la vida. |

## 108 used to

| | |
|---|---|
| **I used to play football a lot.** | Jugaba mucho al fútbol. |
| [IUST TU] | |
| **He used to be in the army, once.** | Antes estuvo en el ejército, |
| **I used to admire her.** | La admiraba. |

Esta es una frase fija, con un sólo tiempo, el pasado, nunca el presente. Expresa una idea que (a) era una costumbre; (b) no continúa en el presente; y (c) hace mucho tiempo que pasó. No se usa para expresar ayer o la semana pasada. Los ingleses tienen mucha dificultad en formar una interrogación o negación. **Used you to? Did you used to? Did you use to? I didn't use(d) to, I usedn't to.** Generalmente prefieren no usar preguntas o negaciones. Después de todo, **I used not to believe** (no solía creer), se puede cambiar a: **I used to doubt** (solía dudarlo).

### Ejercicio 106

*Complete con* **used to:**
1 **He ... (was) my friend.**
2 **They ... (lived) next door to us.** (live – vivir)
3 **That was where we ... (met) our friends.** (meet – encontrar)
4 **In the old days, people ... (believed) everything.** (believe – creer)
5 **Is this what you ... (looked) like?** (look like – parecer)

## 109 was -ing

| | |
|---|---|
| **I was working, you were working, etc.** | Yo estaba trabajando, tu estabas trabajando, etc ... |
| **They weren't working.** | Ellos no estaban trabajando. |
| **Was he working?** | ¿Estaba él trabajando? |

Esta forma del verbo es el normal de **be** mas la terminación **-ing.** Puede traducir el sentido de 'trabajaba/hacía', queriendo decir que algo continuaba durante otra cosa, antes y después.

| | |
|---|---|
| **At ten o'clock I was watching TV.** | A las diez estaba viendo la tele. |
| **I was having a bath and the phone rang.** | Estaba bañándome y sonó el teléfono. |
| **At seventy he was still working.** | A los setenta, aún estaba trabajando. |
| **I was working from two to three.** | Estuve trabajando de dos a tres. |
| **I was waiting for you to ring yesterday.** | Estuve esperando que llamaras ayer. |
| **What were you doing last week?** | ¿Qué estuviste haciendo la semana pasada? |

**Ejercicio 107**

*Complete usando was/were -ing*

1  He ... (study) yesterday. I saw him.　　　El no estaba estudiando ayer.

　　He ... (play) football.　　　Le ví. Estuvo jugando al fútbol.

2  What happened? ... (drive) too fast?　　　¿Que pasaba? ¿Estabas conduciendo demasiado deprisa?

3  That's the man ... (wait) for.　　　Ese es el hombre que estábamos esperando.

4  I ... (try) to be useful.　　　Estaba tratando de ser útil.

5  At that time my parents ... (live) in the north.　　　En esa época mis padres vivían en el norte.

6  I called, but she ... (work).　　　Llamé pero estaba trabajando.

7  There was a noise. ... (argue) again?　　　Había un ruido. ¿Estaban discutiendo de nuevo?

8  Sorry. I ... (think).　　　Lo siento. No estaba pensando.

9  ... (expect) someone for dinner?　　　¿Estabas esperando alguien a cenar?

## 110 ago (hace)

How long ago was that? ['GOU]　　　¿Cuánto tiempo hace?

I came here four years ago.　　　Llegué aquí hace cuatro años.

A month ago I was sitting in the sun, enjoying myself.　　　Hace un mes estaba sentado al sol, disfrutando.

CONVERSACION

| | | |
|---|---|---|
| *Jeremy* | Did you see that man who was talking to me a minute ago? | ¿Viste a ese hombre que me estaba hablando hace un minuto? |
| *Nick* | Yes. | Si. |
| *Jeremy* | He insulted me. | Me insultó. |
| *Nick* | What were you doing? | ¿Qué hacías? |
| *Jeremy* | Nothing. | Nada. |
| *Nick* | People don't insult you for nothing. | Nadie te insulta sin motivo. |
| *Jeremy* | I tell you I was doing absolutely nothing at all. | Te digo que no estaba haciendo nada en absoluto. |
| *Nick* | Not singing rude songs? | ¿Ni cantando canciones groseras? |
| *Jeremy* | Of course not. | Claro que no. |
| *Nick* | You always used to sing. | Siempre solías cantar. |
| *Jeremy* | I stopped doing that. | He dejado de hacerlo. |
| *Nick* | How did he insult you? | ¿Cómo te insultó? |
| *Jeremy* | He called me an idiot. | Me llamó idiota. |
| *Nick* | He must know something. | Debe saber algo. |

98

## 111 own

**my own, your own, their own** [OUN]

| | |
|---|---|
| **She cuts her own hair.** | Ella misma se corta el pelo |
| **People used to make their own bread.** | La gente solía hacerse su propio pan. |

Tome nota que **on X own**, quiere decir 'solo': **I was on my own all day**, 'Estaba solo todo el día'.

### Ejercicio 108

*Traduzca:*
1  **I have no sympathy for you. It's all your own fault.**
2  **Romans used to take their own lives.**   (**take** en este caso – suicidarse)
3  **You should stand on your own two feet. (stand** ... defenderse)
4  **They did it all on their own.**
5  **He killed his own brother.**   (**kill** – matar)
6  **She'll be late for her own funeral.**   (**late** – tarde; **funeral** – funeral)


## 112 Direcciones

| | |
|---|---|
| **(to the) north** [NORZH] | al norte |
| **south** [SAUZH] | sur |
| **east** [IST] | este |
| **west** [UEST] | oeste |
| **to the left, on the left** [LEFT] | a la izquierda |
| **to the right, on the right** [RAIT] | a la derecha |
| **straight, straight on** [STREIT] | todo seguido, derecho |
| **back, go back** [BAEK] | detrás, volver |
| **to direct someone** [DiREKT] | dirigir a alguien |

### Ejercicio 109

*Traduzca:*
1  **You'll have to go back the way you came.**   (**the way** – el camino)
2  **Go into the town. Someone can direct you from there.**
3  **Take the first left, and then it's straight on.**
4  **You have to go to the right, round the square.**   (**square** – plaza)
5  **In England they drive on the left.**
6  **Can you direct me to the airport, please?**
7  **There's a service station twenty kilometres north of here.**

**Ejercicio 110**

*Complete el diálogo, usando frases (a/b/c etc) de las que se dan a continuación:*

| | |
|---|---|
| Visitor | **Excuse me.** |
| | (1) |
| | **Can you tell me the way to the central station?** (station – estación) |
| | (2) |
| | **By car.** |
| | (3) |
| | **Yes.** |
| | (4) |
| | **Is it far?** |
| | (5) |
| | **Thank you very much.** |
| | (6) |

(a) **About five minutes.**
(b) **You're welcome.**
(c) **Are you going on foot or by car?**
(d) **Yes. Can I help you?**
(e) **Go left here. You'll come to a roundabout.** (roundabout – glorieta)
(f) **Go right, and then it's straight on.**

## CONVERSACION

| | | |
|---|---|---|
| *Martin* | **I haven't got any friends.** | No tengo ningún amigo. |
| *Philippa* | **It's your own fault.** | Es tu propia culpa. |
| *Martin* | **What do you mean?** | ¿Qué quieres decir? |
| *Philippa* | **You're so cold to people. You should be warmer, more sociable, more extrovert.** | Eres tan frio con la gente. Deberías ser más amable, más sociable, más extrovertido. |
| *Martin* | **I used to be like that.** | Solía ser así. |
| *Philippa* | **Yes? And then?** | ¿Sí? ¿Y entonces? |
| *Martin* | **And then Marie left me.** | Y entonces Marie me dejó. |
| *Philippa* | **You can't live in the past. Go out tonight and make some new friends.** | No puedes vivir en el pasado. Vete por ahí esta noche y haz algunos amigos nuevos. |
| *Martin* | **Where?** | ¿Dónde? |
| *Philippa* | **I don't know where. Just go up to someone and say 'Hi'.** | No sé donde. Simplemente acércate a alguien y dí 'Hola'. |
| *Martin* | **I think I prefer being on my own.** | Creo que prefiero estar solo. |

## 113 -est, most

| | |
|---|---|
| **big, bigger, biggest** [BiGeST] | el más grande |
| **old, older, oldest** [OULDeST] | el más viejo |
| **strange, stranger, strangest** [STREINDJeST] | el más extraño |
| **happy, happier, happiest** [JHAEPieST] | el más feliz |
| **good, better, best** [BEST] | el mejor |
| **bad, worse, worst** [UERST] | el peor |
| **far, farther, farthest** [FARDHeST] | el más lejano |
| **much, more, most** [MOUST] | lo más |
| **little, less, least** [LIST] | lo menos |
| **important, more important, most important** | el más importante |
| **careful, more careful, most careful** | el más prudente |

Como puede ver en este caso se aplica la misma regla que en el comparativo (repase las secciones 87 y 88 para refrescar su memoria).

| | |
|---|---|
| **It's the biggest in the world.** | Es el más grande del mundo. |
| **The worst thing was the dancing.** | Lo peor era el baile. |
| **It's the most expensive hamburger I've ever seen.** | Es la hamburguesa más cara que he visto en mi vida. |

**the** no es siempre necesario:

| | |
|---|---|
| **The green one is strongest.** | El verde es el más fuerte. |
| **It looks best in summer.** | Parece lo mejor en verano. |
| **Do your best.** | Haz lo mejor que puedas. |
| **It's New York's most famous restaurant.** | Es el restaurante más famoso de Nueva York. |

No hay traducción para -ísimo. Altísimo sería **very high, extremely high.**

### Ejercicio 111

*Complete. Ponga atención a la ortografía:*

1  **It's ... (hot) in May and June, but ... (hot) of all in July.**  Hace más calor en Mayo y Junio pero Julio es el más caluroso.

2  **It's the ... (high) mountain in Mexico.**  Es la montaña más alta de Méjico.

3  **I eat ... (much) at breakfast.**  Como mucho más en el desayuno.

4  **She's the ... (pretty) of the three.**  Es la más guapa de las tres.

5  **She's also the ... (amusing).**  También es la más graciosa.

6  **I think it's ... (easy) to go on foot.**  Creo que los más fácil es ir a pié.

7  **It was the ... (bad) experience of my life.**  Fué la peor experiencia de mi vida.

| | |
|---|---|
| 8  Pick the ... (red) ones. | Escoge los mas rojos. |
| 9  It's the ... (little) I can do. | Es lo menos que puedo hacer. |

**Ejercicio 112**

*Complete lo siguiente:*

| | |
|---|---|
| I (1) ... sitting on my own at home, doing (2) ... . The phone rang. It was a friend (3) ... wanted help. He (4) ... decorating an apartment, and found (5) ... in difficulties. 'It's not as easy (6) ... I expected,' he said. 'I started two days (7) ... and it's worse (8) ... it was before. (9) ... you give me a hand? You're an expert.' (10) ... a fool, I agreed. | Estaba sólo sentado en casa, sin hacer nada. Llamó el teléfono. Era un amigo que necesitaba ayuda. Estaba pintando un apartamento y se encontraba en dificultades. 'No es tan fácil como creía,' dijo. 'Empecé hace dos días y ahora está peor que antes. ¿Me puedes echar una mano? Tu eres un experto.' Como idiota, acepté. |

## CONVERSACION

| | | |
|---|---|---|
| *Mark* | What's the best place for fish round here? | ¿Cual es el mejor sitio para pescado por aquí? |
| *George* | What do you mean? The river? | ¿Que quieres decir? ¿El rio? |
| *Mark* | No. Idiot. | No. Tonto. |
| *George* | I thought you meant fishing. | Creí que decías para pescar. |
| *Mark* | No. Fish for eating. | No. Pescado para comer. |
| *George* | A fish shop? | ¿Una pescadería? |
| *Mark* | No. Fish cooked and served with potatoes and asparagus. | No. Pescado cocinado y servido con patatas y espárragos. |
| *George* | A restaurant? | ¿Un restaurante? |
| *Mark* | Right. Finally. | Exacto. Por fin. |
| *George* | Why do you want a fish place? | ¿Porqué quieres un sitio de pescado. |
| *Mark* | It's Jenny. She doesn't eat meat. It's a compromise. | Es Jenny. No come carne. Es un acuerdo. |
| *George* | I see. You can both eat fish. | Ya veo. Los dos podéis comer pescado. |
| *Mark* | Exactly. | Exacto. |
| *George* | I've seen a place. Just near the doctor's. It may not be the best, but it's certainly the nearest. | He visto un sitio. Justo cerca del médico. Quizás no sea el mejor, pero desde luego es el más cercano. |

# Lección 8

## 114 Adverbios de tiempo

| | |
|---|---|
| **when** [UEN] | cuando |
| **after** [AFTer] | después |
| **before** [BeFOR] | antes |
| **until, till** [eNTiL, TiL] | hasta |

| | |
|---|---|
| **That was when I was about ten.** | Eso era cuando tenía unos diez años. |
| **He phoned me before breakfast.** | Me telefoneó antes del desayuno. |
| **After he left school, he joined the army.** | Cuando dejó el colegio, entró en el ejército. |
| **I used to live with my parents, until until I was eighteen.** | Solía vivir con mis padres, hasta que cumplí dieciocho años. |

Hasta ahora no hay problema. Use el tiempo del verbo necesario para cada ocasión. Hay una regla por la que no se puede usar el futuro **will** o **-ing** o **going to** con un adverbio de tiempo. En vez de ésto se usa el presente, aunque el sentido de la frase sea en futuro.

| | |
|---|---|
| **When he comes in tomorrow, I'll ask him.** | Cuando vuelva mañana se lo preguntaré. |
| **I'll speak to him before he goes.** | Le hablaré antes de que se vaya. |
| **Do nothing till you hear from me** | No hagas nada hasta que yo te lo diga. |

### Ejercicio 113

*Traduzca:*

1 I must go to the bank before it closes.
2 You never like a song until you've heard it five or six times. (song – canción)
3 After playing tennis for an hour, he was quite tired.
4 The phone always rings when you're in the bath. (bath – baño)
5 Do you want to use the toilet before we go? (use – usar)
6 I like to be there an hour before the plane goes. (plane – avión)
7 When he wants to be nice he can be very, very nice. (nice – amable)
8 Everything was going well until you arrived.
9 After I finish college, I'm going to travel. (travel – viajar)
10 Tell me when it's ready. (tell – decir; ready – dispuesto)

## 115 -ing y -ed

| | |
|---|---|
| It was surprising. | Era sorprendente. |
| I was surprised. | Me sorprendió. |

### Ejercicio 114

*Complete con -ing o -ed:*
1 Playing football is very ... (tire).  (tire – cansado)
2 He's quite ... (amuse) when he tries.  (amuse – divertir; try – tratar)
3 The children were ... (excite) when you came.  (excite – contentar)
4 He's the most ... (bore) man in Europe.  (bore – aburrir)
5 She was quite ... (amuse) when I told her the story.  (story – cuento)
6 Stop when you are ... (tire).

## 116 Furniture (Muebles)

| | | | | |
|---|---|---|---|---|
| chair [CHEAR] | silla | | table [TEIBeL] | mesa |
| stairs | escalera | | bed | cama |
| bath | bañera | | toilet | retrete |
| door | puerta | | window | ventana |

### Ejercicio 115

*Traduzca estas frases contestándolas en inglés:*
1 What do you use for sleeping?  (¿dónde duermes, en una cama?)
2 Where do you wash yourself?  (wash yourself – lavarse)
3 What do you look through?  (look through – mirar a través)
4 What do you sit on?  (sit on – sentarse)
5 Where do you put the dinner?  (put – poner)

### CONVERSACION

| | | |
|---|---|---|
| Agent | That flight takes you to Amsterdam. | Ese vuelo le lleva a Amsterdam. |
| Martin | And then? | ¿Y después? |
| Agent | After you've arrived at Amsterdam, there's an hour before the Hong Kong flight. | Después que llegue a Amsterdam hay una hora antes del vuelo a Hong Kong. |
| Martin | That's not bad. | No está mal. |
| Agent | No. It's comfortable. | No. Está cómodo. |
| Martin | It's surprising there's no direct flight. | Que sorprea, no hay vuelo directo. |
| Agent | There used to be one. But this way is just as fast. | Había uno. Pero este camino es igual de rápido. |

## 117 had -ed (había -do)

| | |
|---|---|
| **I'd (I had) worked, you'd worked** [AID, YUD] | Había trabajado, habías trabajado. |
| **He hadn't worked.** [JHAEDɛNT] | No había trabajado. |
| **Had they worked?** | ¿Habían trabajado? |

Al igual que en español, esta forma se usa para mostrar que una cosa se ha desarrollado antes que otra:

| | |
|---|---|
| **I couldn't get in. She'd locked the door.** | No pude entrar. Ella había cerrado la puerta. |
| **He hadn't realized, until then.** | No se había dado cuenta, hasta entonces |

### Ejercicio 116

*Complete, usando* **had**. *Vuelva a la sección 75 si no está seguro del participio pasado:*

| | | |
|---|---|---|
| 1 | **I ... (stop) already, when I saw them.** | Ya me había parado cuando los ví. |
| 2 | **He had no money. He ... (give) her everything.** | No tenía dinero. La dió todo. |
| 3 | **... (you, be) there before?** | ¿Habías estado allí antes? |
| 4 | **They ... (not, pay).** | No habían pagado. |
| 5 | **She ... (do) well at school.** | Había tenido buenas notas en el colegio. |
| 6 | **My friend ... (go) out already.** | Mi amigo ya había salido. |

De esta manera, hay tres formas de expresar los sucesos pasados. Fíjese en las frases que siguen y trate de encontrar la diferencia de tiempo. ¿Qué velocidad llevaba en el momento del accidente? o ¿Cuándo salió?

**When the accident happened, he was stopping.**
**When the accident happened, he stopped.**
**When the accident happened, he'd stopped.**
**She'd gone out when he arrived.**
**She was going out when he arrived.**
**She went out when he arrived.**

## 118 The head (La cabeza)

| | | | | |
|---|---|---|---|---|
| **face** [FEIS] | cara | | **eye** [AI] | ojo |
| **nose** [NOUS] | naríz | | **mouth** [MAUZH] | boca |
| **ear** [IAR] | oreja | | **hair** [JHEAR] | pelo |

**Ejercicio 117**

*Traduzca estas frases y conteste en inglés:*
1  **What do you hear with?**   (hear – oír)
2  **What do you eat with?**   (eat – comer)
3  **What do you see with?**   (see – ver)
4  **What is above your mouth?**   (above – sobre)
5  **What is (normally) above your eyes?**

# 119 isn't it (¿verdad?)

| | |
|---|---|
| **It's a nice day, isn't it?** | Hace un buen día, ¿verdad? |
| **It was a nice day, wasn't it?** | Hizo un buen día, ¿verdad? |
| **His mother cooks well, doesn't she?** | Su madre cocina bien, ¿verdad? |
| **The Romans lived well, didn't they?** | Los romanos vivían bien, ¿verdad? |
| **I'll see you again, won't I?** | Te veré de nuevo, ¿verdad? |

Este 'rabillo' de interrogación es muy común en inglés hablado. Es una verdadera molestia para el estudiante ya que se debe recordar tanto el sujeto como la forma gramatical del verbo. No es igual siempre, aunque **wasn't he, can't you** e incluso **is it**, si la frase es negativa el 'rabillo' es positivo. **It's not fair, is it?**

**Ejercicio 118**

*Trate de completar estas frase, pero no se desespere si parecen difíciles:*

| | |
|---|---|
| 1  **His eyes are blue, ...?** | Tiene los ojos azules, ¿verdad? |
| 2  **He's American, ...?** | Es americano, ¿verdad? |
| 3  **You can drive, ...?** | |
| 4  **Your brother can't drive, ...?** | |
| 5  **She works at the bank, ...?** | |
| 6  **Your parents arrived yesterday, ...?** | |

CONVERSACION

| | | |
|---|---|---|
| *Val* | **Who was the girl you were dancing with last night?** | ¿Quien era la chica con la que bailabas anoche? |
| *George* | **That was Nicola.** | Era Nicola. |
| *Val* | **She'd done something to her hair, hadn't she?** | Se ha hecho algo en el pelo ¿Verdad? |
| *George* | **No. I don't think so.** | No. Creo que no. |
| *Val* | **But she used to be blonde, didn't she?** | Pero era rubia, ¿Verdad? |
| *George* | **No. You're thinking of Joan.** | No. Estás pensando en Joan. |
| *Val* | **I'm not. I know Joan very well.** | No. Conozco a Joan muy bien. |

## 120 during, while (durante, mientras)

| | |
|---|---|
| Enjoy yourself while you can. [UAIL] | Disfruta mientras puedas. |
| We were in Bermuda during July. [DIURing] | Estábamos en las Bermudas en Julio. |
| During the night, I heard a noise. | Durante la noche oí un ruido. |
| While you're here, can you help me? | Mientras que estás aquí ¿puedes ayudarme? |

¿Ve la diferencia? during va seguido de un nombre, while va seguido de un verbo. En realidad se puede usar while seguido do -ing sin que cambie el sentido: While waiting, I read the newspaper (mientras esperaba, leí el periódico).

### Ejercicio 119

*Complete con* during *o* while:
1  ... I was sleeping, someone had come into the house.  (sleep – dormir)
2  He arrived ... lunch.  (lunch – comida)
3  He was injured ... a game of football.  (injure – herir)
4  He was injured ... he was playing football.
5  Such things were common ... the war.  (such – tales; war – guerra)
6  She worked ... the college vacations.  (vacation – vacación)

En inglés americano se usa vacation para vacación; los ingleses usan holiday(s). Cualquiera se entiende bien.

## 121 The house (La casa)

| | | | |
|---|---|---|---|
| bedroom [BEDRuM] | dormitorio | bathroom | baño |
| kitchen [KiTCHEN] | cocina | living room | salón |
| hall [JHORL] | vestibulo | dining room | comedor |
| garage | garaje | garden | jardín |

### Ejercicio 120

*Traduzca estas frases y conteste en inglés:*
1  Where do you park the car?   ¿Dónde guardas el coche? En el garaje.
2  Where do you go to eat?
3  Where do you watch television?
4  Where do you sleep?
5  Where do you wash? (wash – lavar)
6  Where do you make coffee?

## 122 Forma indirecta

| | |
|---|---|
| **He says (that) he's American.** | Dice que es americano. |
| **He said (that) he was American.** | Dijo que era americano. |
| **She thinks I can speak English.** | Cree que sé hablar inglés. |
| **She thought I could speak English.** | Creía que sabía hablar inglés. |

**That** es opcional. Uselo si le parece bien. **I think that you are wrong,** o **I think you're wrong** (Creo que estás equivocado). Esto no es difícil, sólo que si el primer verbo está en el pasado, el segundo está igualmente en el pasado, como en español. Así **We agreed that the earth was round** (Acordábamos que la tierra era redonda). No quiere decir necesariamente que ya no es cierto. **We agreed that the earth is (es) round** es perfectamente correcto en inglés, pero menos normal. Cuando ésto sucede solo hay que cambiar **is** por **was**, etc., lo cual no es gran cosa. Mas enojoso es que debe seguir y cambiar **will** por **would, can** por **could** y **may** por **might**. **She said she'd (would) do it tomorrow** (dijo que lo haría mañana). **I thought it might rain** (Creí que llovería).

### Ejercicio 121

*Traduzca:*
1 **He thinks he's an expert.** (**think** – creer)
2 **He tells everyone his father's a millionaire.** (**tell** – decir)
3 **Everyone knows it's not true.** (**know**– saber; **true** – verdad)
4 **He once said he could speak Russian.** (**once** – una vez)
5 **We decided we would buy a Russian newspaper.** (**buy** – comprar)
6 **He said he couldn't read it.** (**read** – leer)
7 **He said it's written in a special dialect.** (**write** – escribir)

### CONVERSACION

| | | |
|---|---|---|
| *Paul* | **Where are you going?** | ¿Dónde vas? |
| *Susan* | **To the kitchen.** | A la cocina. |
| *Paul* | **Can you make me a sandwich while you're there?** | ¿Puedes hacerme un bocadillo mientras estás allí? |
| *Susan* | **Do it yourself.** | Háztelo tú mismo. |
| *Paul* | **I don't think that's nice. People should help each other.** | No creo que éso está bien. Hay que ayudarse el uno al otro. |
| *Susan* | **When did you ever help me?** | ¿Cuándo me has ayudado tú? |
| *Paul* | **What about that material for your bedroom?** | ¿Y qué pasa con ese material para tu habitación? |
| *Susan* | **What about it? Where is it?** | ¿Que pasa con éllo? ¿Dónde está? |
| *Paul* | **I said I'd do it, and I will do it.** | Dije que lo haría y lo haré. |
| *Susan* | **Yes, but when?** | Si, ¿pero cuándo? |

## 123 Interrogaciones indirectas

| | |
|---|---|
| **What's that? I don't know what it is.** | No sé que es éso. |
| **Where does he live? Tell me where he lives.** | Díme donde vive. |
| **When was that? Don't ask me when it was.** | No me preguntes cuando fué. |

Más regular que en español, la pregunta se vuelve de orden normal cuando es indirecta. **Where did he work?** (¿Dónde trabaja él?) es la pregunta, la cual cambia a **He told me where he worked** (Me dijo donde trabajada).

| | |
|---|---|
| **Is that OK? Tell me if that's OK.** | Díme si estás de acuerdo. |
| **Is it good English? I don't know if it is.** | No sé si lo és. |

Las interrogaciones indirectas son bastante frecuentes en inglés, en especial si se habla a un desconocido o de forma educada. **Excuse me, what's the time?** (Perdone, ¿que hora es?) está correcto, pero oirá más a menudo **Excuse me, can you tell me what the time is?** (Perdone, ¿puede decirme que hora es?).

### Ejercicio 122

*Complete:*

1  **Are you ready? Tell me when ...**
2  **How much was it? I know ...**
3  **What does he do? He told me ...**
4  **Where's the toilet? Can you tell me ...**
5  **What does that mean? I don't know...** (**mean** – significar)
6  **Are you coming? He asked ...**
7  **Did I enjoy it? I'm not sure ...**  (**enjoy** – disfrutar)
8  **Can we park here? Ask the policeman ...**
9  **What's the matter? Tell me ...**
10  **When does the train leave? I don't know ...**

## 124 Ordenes indirectas, pedidos, etc...

| | |
|---|---|
| **(Sit down.) She asked me to sit down.** | Ella me dijo que me sentara. |
| **(Don't go.) She told me not to go.** | Ella me dijo que no fuera. |

La partícula **to** es suficiente, pero tome nota del orden de palabras y donde se coloca la negación **not: I was told not to park there** (Me han dicho que no estacione allí).

## Ejercicio 123

*Complete:*
1  The doctor told me ... (stay) in bed.  (stay – quedarse)
2  He advised me ... (not, get up) for a week.  (get up – levantarse)
3  He asked me ... (tell) him if it got worse.  (worse – peor)
4  He told me ... (take) the medicine, and ... (not, tire) myself.
   (tire – tomar; tier – cansar)
5  I told him ... (not, be) silly. (silly – tonto)

## Ejercicio 124

*Rellene el texto:*

While we (1) ... waiting for the train, we (2) ... into the buffet for a snack. I (3) ... the man for a coffee, and he said I would have (4) ... wait. When I asked him (5) ... long, he said '(6) ... it's ready', (7) ... was not very helpful. The machine was broken, apparently, and (8) ... it could be repaired they had to get an engineer (9) ... another station.

Mientras esperábamos el tren, entramos en la cafetería a por un bocadillo. Pedí al camarero un café y me dijo que tenía que esperar. Cuando le pregunté ¿cuánto tiempo?, me dijo 'hasta que esté hecho', lo cual no ayudaba mucho. Parece que la cafetera estaba estropeada y antes de poder arreglarla tenían que traer un mecánico de otra estación.

## CONVERSACION

| | | |
|---|---|---|
| *George* | You have to fill in a form. | Tienes que rellenar un formulario. |
| *Philip* | What sort of a form? | ¿Que clase de formulario? |
| *George* | Obviously, they need your name, address, and phone number. | Naturalmente necesitan tu nombre, dirección y número de teléfono. |
| *Philip* | Yes? | ¿Sí? |
| *George* | Then they want to know how old you are, where you live, how long you have lived there, where you work, where you went to school. | Después quieren saber tu edad, dónde vives, cuánto hace que vives allí, donde trabajas, donde fuiste al colegio. |
| *Philip* | What sex your grandmother is. | El sexo de tu abuela. |
| *George* | That sort of thing. You know what they're like. | Eso. Ya sabes como son. |
| *Philip* | It's absurd, isn't it? | Es absurdo ¿Verdad? |
| *George* | I suppose they need the information. I can't think why. | Supongo que necesitan la información. No se para qué. |

## 125 un-

La mayoría de los prefijos en inglés son los mismos que en español:
**possible, impossible; regular, irregular.** Pero ya se habrá dado cuenta que
hay algunos en inglés que no son comunes en español. Uno muy común
para hacer una negación es **un-.**

| | |
|---|---|
| **happy, unhappy** [ANJHAEPi] | felíz, infelíz |
| **safe, unsafe** [ANSEIF] | seguro, inseguro |
| **important, unimportant** [ANiMPORTeNT] | importante, sin importancia |
| **friendly, unfriendly** [ANFRENDLi] | amistoso, hostíl |
| **able, unable** [ANEIBL] | capaz, incapaz |
| **well, unwell** [ANUEL] | bueno, enfermo |

Tambien encontrará que este prefijo se usa en verbos y nombres: **to undo**
(deshacer), **an unbeliever** (un no creyente); **What is made can be unmade**
(Lo que se hace se puede deshacer). Esto es lo que se llama un prefijo
generativo quiere decir que sirve para crear nuevas palabras. Por ejemplo,
los americanos describen algunas actividades o actitudes como
**unamerican.** La palabra **unspanish** no la encontrará en ningún diccionario,
pero todo el mundo le entenderá si decide usarla.

## 126 do and make (hacer)

Ya habrá notado que estos dos verbos **do** y **make** se traducen por hacer. No
obstante, normalmente cada uno tiene su propio significado y no se
sobreponen en un contexto dado. La principal diferencia es ésta: un
carpintero **makes** sillas; un contable **does** las cuentas. **Make** tiene más el
significado de construcción. **What are you making?** quiere decir '¿qué
estás construyendo?' y se espera una respuesta como 'una maqueta de la
Torre Eiffel' o 'una tortilla de queso'. **What are you doing?** es la pregunta
en general cuando no se sabe cual será la respuesta, bien, 'Estoy
construyendo una maqueta de la Torre Eiffel', o, 'Estoy leyendo el
periódico'. **You do excercises, housework** (trabajo de casa), **the cooking**
(guisando). En el colegio, **you do geography** o **mathematics,** y **you do well**
(trabajas bien) **or badly** (trabajas mal).

Hay ciertas expresiones fijas donde está menos claro, pero que se deben
aprender de memoria. ¿Esperaría que fueran, por ejemplo?

| | |
|---|---|
| **make a noise** [NOIZ] | hacer ruido |
| **make a mistake** [MISTEIK] | hacer una falta, equivocarse |
| **make friends** | hacer amigos |
| **make someone tired, angry, happy** | cansar a alguien, enfadar, hacer felíz |
| **make a copy** [COPi] | hacer una copia |
| **make tea or coffee, lunch or dinner** | hacer té o café, la comida o la cena |
| **make an effort** | hacer un esfuerzo |

## Ejercicio 125

*Complete usando* **do** *o* **make**? *y recuerde que* **make** *cambia a* **made** *y* **do** *a*
**did** *o* **done**:

| | | |
|---|---|---|
| 1 | **What does he ...? I think he works in a bank.** | ¿Qué hace? Creo que trabaja en un banco. |
| 2 | **Don't ask me. It's nothing to ... with me.** | No me preguntes. Eso no tiene nada que ver conmigo. |
| 3 | **I'll ... the breakfast.** | Haré el desayuno. |
| 4 | **When you didn't write, you ... her very unhappy.** | Cuando no escribiste, se quedó muy triste. |
| 5 | **We've all ... mistakes in our lives.** | Todos hacemos equivocaciones en nuestra vida. |
| 6 | **I came last, but at least I ... my best.** | Llegué el último, pero al menos hice todo lo que pude. |
| 7 | **Don't eat that. You'll ... yourself ill.** | No comas éso, te va a hacer daño. |
| 8 | **We didn't ... sociology at school.** | No hicimos sociología en el colegio. |

## CONVERSACION

| | | |
|---|---|---|
| *Stylist* | **Like this?** | ¿Asi? |
| *Marilyn* | **No, I'd like it a bit shorter at the front, please.** | No, me gustaría un poco mas corto en la frente, por favor. |
| *Stylist* | **Who does your hair normally?** | ¿Quien la peina normalmente? |
| *Marilyn* | **Different people. I don't go regularly to any one place.** | Diferentes personas. No voy a ningún sitio regularmente. |
| *Stylist* | **It makes it easier, when you know someone and you know what they want.** | Es más fácil, cuando conoces a alguien y sabes lo que quieres. |
| *Marilyn* | **Yes. I suppose so.** | Si. Supongo que si. |
| *Stylist* | **You know, I did one lady's hair, and I saw her that same evening, and she had undone the whole thing.** | ¿Sabe? Peiné a una señora, la ví esa misma noche, y se había desecho todo el peinado. |
| *Marilyn* | **I must say, that sounds like someone I know.** | Debo admitir, éso me suena a alguien que conozco. |
| *Stylist* | **Why didn't she say at the time?** | ¿Porqué no lo dijo a tiempo? |
| *Marilyn* | **She probably liked it at the time.** | Quizás le gustó al principio. |

## 127 say, tell (decir)

En esta ocasión es más una diferencia gramatical que una diferencia de significado. 'Decir a alguién' es **Tell someone** o **Say to someone**, la diferencia está en la partícula **to**. 'Dijo hola' es **He said hello**. **Tell** debe preceder al sujeto **tell someone**, y si no hay sujeto es **say**. ¿Le ayuda si se dice que **tell** precede a un complemento directo, y **say** no? Entonces, **He says it's ready** (Dice que está listo); **He tells me it's ready** (Me dice que está listo). Fíjese en **tell a story** (contar un cuento) y **tell the truth** (decir la verdad).

### Ejercicio 126

*Complete con* **say** *o* **tell***, recuerde que* **say** *cambia a* **said** *y* **tell** *cambia a* **told***.*

| | |
|---|---|
| 1 **The boss ... we could leave early.** | El jefe dijo que podíamos salir temprano. |
| 2 **... me when you've finished.** | Díme cuando has terminado. |
| 3 **He ... some amusing stories.** | Cuenta cuentos divertidos. |
| 4 **He ... some amusing things.** | Dice cosas divertidas. |
| 5 **Are you enjoying yourself? To ... the truth, no.** | ¿Te estás divirtiendo? A decir verdad, no. |
| 6 **What did you ... to her?** | ¿Que la dijiste? |
| 7 **I ... her to hurry up.** | La dije que se diera prisa. |
| 8 **He never ... me his name.** | Nunca me dijo su nombre. |
| 9 **He never ... who he was.** | Nunca me dijo quien era. |

## 128 be (tener)

Habrá notado que hay algunas ocasiones en inglés cuando **be** más un adjetivo se usa para traducir al español 'tener' más un nombre.

| | |
|---|---|
| **be right, wrong** [RAIT, RONG] | tener razón, no tener razón. |
| **be hungry, thirsty** [JHANGRY, ZHERSTi] | tener hambre, sed |
| **be cold, hot, warm** [UORM] | tener frio, calor, calor |

**Hot** es mas caliente que **warm**. Tiempo **warm** es agradable; tiempo **hot** es incómodo. La sopa debe estar **hot**. La mano de una persona debe estar **warm**; si está **hot** la persona tiene fiebre.

### Ejercicio 127

*Traduzca:*

1 Yo tenía razón.
2 Tendrás frio.
3 Hacía calor. (agradable)
4 Ella tenía sed.
5 El no está equivocado.
6 ¿Tienes hambre?

# 129 Preguntas cortas

| | |
|---|---|
| **He says he's English. Does he?** | Dice que es inglés. ¿Sí? |
| **You won't understand. Won't I?** | No comprenderás ¿No? |
| **It's getting on my nerves. Is it?** | Esto me enfurece. ¿Si? |

Una característica de la conversación inglesa son las preguntas cortas, que pueden expresar sorpresa, o sólo 'estoy escuchando, continúa'. Solo es el sujeto y la gramática de la frase anterior, en este sentido es parecido a la partícula (ver sección 119).

## Ejercicio 128

*Reponda a estas preguntas con un pregunta corta:*

| | | |
|---|---|---|
| 1 | **I phoned you yesterday.** | Te telefoneé ayer. ¿Sí? |
| 2 | **He doesn't like music.** | |
| 3 | **I'm going to Italy next week.** | |
| 4 | **He's finishing his work.** | |
| 5 | **He's finished his work.** | |
| 6 | **She lives in California now.** | |
| 7 | **I'd like to live in California.** | |
| 8 | **The police were waiting for him.** | |

**The police** significa 'los policías', y la palabra es siempre plural.

## CONVERSACION

| | | |
|---|---|---|
| *Valerie* | **I'm hungry.** | Tengo hambre. |
| *Patrick* | **Are you?** | ¿Sí? |
| *Valerie* | **Yes. I am. You said there would be food on the train.** | Si. Dijiste que habría comida en el tren. |
| *Patrick* | **They told me there was a restaurant car.** | Me dijeron que había un coche restaurante. |
| *Valerie* | **That was a different train.** | Ese era un tren diferente. |
| *Patrick* | **Yes. I was wrong.** | Si. Estaba equivocado. |
| *Valerie* | **You were.** | Lo estabas. |
| *Patrick* | **I made a mistake. Anyone can make a mistake.** | Hice una equivocación. Cualquiera puede equivocarse. |
| *Valerie* | **Some people do it more than others.** | Algunos lo hacen más a menudo que otros. |
| *Patrick* | **Don't be like that.** | No seas así. |

# Lección 9

## 130 if (si)

| | |
|---|---|
| **I'll help if I can.** [IF] | Ayudaré si puedo. |
| **If you do that again, I'll scream.** | Si haces éso otra vez chillaré. |
| **If you worked there, you must know George.** | Si trabajabas allí debes conocer a Jorge. |

Hasta aquí no hay problema, **no problem**. Sólo éso, en el condicional como en las claúsulas de tiempo la regla es que no se puede usar el futuro. En vez de éste se usa el presente de indicativo. Se usa el futuro en la claúsula principal si es preciso. Así, **if it rains tomorrow** (si llueve mañana) **we'll go to the movies** (iremos al cine). Hay otra forma de expresar **if ... not: unless** [eNLES].

| | |
|---|---|
| **It takes ten minutes, unless the traffic's bad.** | Se tarda diez minutos, a menos que el tráfico esté mal. |
| **It takes ten minutes, if the traffic's not too bad.** | Se tarda diez minutos, si el tráfico no esta muy mal. |

**Ejercicio 129**

*Traduzca:*

1 You can do it if you try.
2 I'll come tomorrow, if that's all right with you.
3 If you like, I'll drive.
4 The electricity will be cut off unless you pay the bill.
5 I'll drive, unless you'd prefer to.
6 If yesterday was Monday, today must be Tuesday.

## 131 just

| | |
|---|---|
| **Mr Smith? Sorry. He's just gone out.** [YHAST] **Mr Smith? Sorry. He just went out.** | ¿El Sr. Smith? Lo siento, acaba de salir. |

Ya que **has gone** y **went** se refieren a tiempos diferentes, es irritante para un profesor encontrar un texto donde los dos son válidos. El primer ejemplo es posiblemente más común en inglés británico, el segundo más común en americano, pero los dos se usan. Puede ser que en el segundo ejemplo esté pensando 'hace dos minutos'; en el primero 'y todavía está fuera'. La gramática inglesa abarca mucho sobre lo que uno quiere dar a entender. Tome nota donde aparece **just**.

**Ejercicio 130**

*Complete usando* **just** *y bien* **have** *o el pretérito imperfecto:*

| | | |
|---|---|---|
| 1 | I ... (explain) it all. | Acabo de explicar todo. |
| 2 | Have some coffee. We ... (make) some. | Toma café. Acabamos de hacerlo. |
| 3 | ... (you, telephone) me? | ¿Acabas de telefonearme?. |
| 4 | He ... (be) paid. | Le acaban de pagar. |
| 5 | Your mother ... (tell) me about when you were a baby. | Tu madre me acaba de contar como eras cuando eras un bebé. |

**Just** también se usa con otros tiempos, y puede decir 'a punto de, sólo, o apenas'. **He was just asking** (Sólo preguntaba); **He was just a boy** (Apenas era un niño); **Hurry up; the train's just leaving** (Data prisa; el tren está a punto de salir).

**Ejercicio 131**

*Traduzca:*

1 I won't be two minutes. I'm just doing my hair.   (hair – pelo)
2 He just escaped being killed.   (escape – escapar; kill – matar)
3 It's just one of those things.
4 I had just sat down to dinner when the phone rang.   (ring – llamar)
5 He was here just this morning.
6 It's closing time. Everyone is just going.

CONVERSACION

| | | |
|---|---|---|
| *Carol* | Hello? | ¿Diga? |
| *Sue* | Hello? Carol? This is Sue. | ¿Oiga? ¿Carol? Soy Sue. |
| *Carol* | Hi. How's life? | Hola. ¿Qué tal te va la vida? |
| *Sue* | Fine. Listen, we can meet if you're not doing anything. | Bien. Escucha, podemos encontrarnos si no haces nada. |
| *Carol* | I'm not doing anything. Where are you? | No hago nada. ¿Dónde estás tú? |
| *Sue* | I'm in a place called Concord. | Estoy en un sitio llamado Concord. |
| *Carol* | Are you? How did you get there? | ¿Sí? ¿Cómo has llegado? |
| *Sue* | A friend just gave me a lift. He lives out here. | Un amigo me trajo. El vive aquí. |
| *Carol* | Well, wait there. I'll just put on a coat, and I'll be with you. | Bueno, espera ahí. Me pondré un abrigo y estaré contigo. |
| *Sue* | Well, if you can tell me how to get to your place, I can ... | Bueno, si me dices como llegar a tu casa puedo... |
| *Carol* | No, it's easier if I come to you. | No, es más fácil si yo voy. |

## 132 -ly (-mente)

La regla para la formación de advebios de modo (que añaden **-ly**; ver sección 74) es algo diferente con adjetivos que terminan en **-ic** o **-le**. Con **-ic** se interpone **-al-** antes de añadir **-ly**, sin duda por analogía con **musical, chemical,** etc. Las palabras que terminan en **-le** solo cambian la **e** por **y**, quizás para facilitar la pronunciación.

**possible, possibly** [POSiBLi]                    posible, posiblemente
**electronic, electronically** [eLEKTRONiKLi]       electrónico,
                                                    electrónicamente

**Ejercicio 132**

*Complete. En algunos casos necisitará referirse a la sección 74:*

1  **I will ... (probable) see you tomorrow.**          Probablemente te veré mañana.
2  **The door closes ... (automatic).**                  La puerta cierra automáticamente.
3  **She was singing ... (happy).**                      Cantaba alegremente.
4  **He plays the guitar ... (good).**                   Toca bien la guitarra.
5  **It's fragile. Treat it ... (gentle).**              Es frágil. Trátalo con cuidado.
6  **... (economic), the country is in a bad situation.** Económicamente, el país está en una mala situación.

## 133 more -ly (más -mente)

**I see him more frequently now.**    Ahora le veo más frecuentemente.
**Please drive more carefully.**    Por favor conduce con más cuidado.

El comparativo de superioridad se forma con **more** más el adverbio. Con palabras cortas, se puede usar también la forma comparativa **-er** (ver la sección 87/88 si es preciso).

**You have to speak louder/more loudly.**    Debes hablar más alto.
**Please drive slower/more slowly.**    Te ruego que conduzcas más despacio.
**You can buy it cheaper/more cheaply there.**    Puedes comprarlo más barato allí.

Los siguientes adverbios de tiempo siempre usan la forma **er**.

early   **He came earlier today.**           Hoy llegó más temprano.
late    **I'll leave later tomorrow.**        Me iré más tarde mañana.
long    **It takes longer that way.**         Tarda más de esa forma.
soon    **Can't you do it sooner?**           ¿Puedes hacerlo antes?

La misma regla se aplica con los pocos adverbios irregulares (ver sección 74) y adjetivos (ver sección 87), sólo se usa **-er**, no **more**:

| | | |
|---|---|---|
| well | He plays better than I do. | Juega mejor que yo. |
| badly | He plays worse than I do. | Juega peor que yo. |
| much | I love you more each day. | Te quiero más cada día. |
| little | I love you less each day. | Te quiero menos cada día. |
| hard | You'll have to work harder. | Tendrás que trabajar más duro. |
| fast | Please drive faster. | Por favor conduce más aprisa. |
| far | We walked farther than we meant. | Anduvimos más allá que teníamos pensado. |

Las comparaciones entre adverbios siguen la misma regla que los adjetivos: **as ... as**, **As far as I know** (Tal y como sé), **Stay as long as you want** (Quédate tanto como quieras), o **than; You know her better than anyone** (La conoces mejor que nadie).

**Ejercicio 133**

*Complete:*

| | | |
|---|---|---|
| 1 | She speaks English ... (bad) than me. | Habla inglés peor que yo. |
| 2 | I've never worked ... (hard). | Nunca he trabajado más duro. |
| 3 | In my old job, I used to see him ... (often). | En mi antiguo trabajo solía verle más a menudo. |
| 4 | I'll be there ... (soon) I can. | Estaré allí tan pronto como pueda. |
| 5 | He repeated it ... (emphatic). | Lo repitió más enfáticamente. |
| 6 | Can you call me not ... (late) Friday? | ¿Puedes llamarme no más tarde del viernes? |

CONVERSACION

| | | |
|---|---|---|
| *Martin* | Excuse me. I'm looking for a pullover. | Perdone, estoy buscando un pullover. |
| *Assistant* | If it's for yourself, these are very fashionable. | Si es para Vd. éstos estan muy de moda. |
| *Martin* | No, it's not for me, it's for a child. | No, no es para mí, es para un niño. |
| *Assistant* | I see. These are selling well. | Ya veo. Estos se venden bien. |
| *Martin* | They cost a lot more than the others. What's the difference? | Cuestan bastante más que los otros. ¿Cuál es la diferencia? |
| *Assistant* | They're much better made. They'll last much longer. | Estan mejor hechos. Son más duraderos. |
| *Martin* | And these, here? | ¿Y éstos, aquí? |
| *Assistant* | They're less high quality buy they're still very good. | No son tan buena calidad, pero son son también muy buenos. |

## 134 most -ly (el más -mente)

| | |
|---|---|
| You can buy it cheapest here.<br>You can buy it most cheaply here. } | Aquí es lo más barato. |
| She works hardest of all of us. | Ella es la que más trabaja de todos nosotros. |
| It's the most beautifully written letter I've ever seen. | Es la carta escrita más bella que he visto jamás. |

Las reglas en esta lección son las mismas que en la de ayer. **Most -ly** o -est (ver sección 112 sobre estas formas).

### Ejercicio 134

*Complete:*

| | |
|---|---|
| 1 Mr. Green always arrives ... (late). | El Sr. Green es siempre el que más tarde llega. |
| 2 It's the ... (bad) designed station in Europe. | Es la estación peor diseñada de Europa. |
| 3 If you travel the ... (fast), you arrive there ... (early). | Cuanto más deprisa viajes, antes llegarás. |
| 4 He's ... (probable) lost. | Lo más probable es que se haya perdido. |
| 5 She understands me ... (good). | Me comprende muy bien. |
| 6 He spoke to me ... (polite). | Me habló muy cortésmente. |
| 7 We saw them ... (recent) two weeks ago. | Les hemos visto recientemente hace dos semanas. |

## 135 if (si)

Hay ocasiones cuando **if** introduce una condición que es hipotética o imposible.

| | |
|---|---|
| If I were you ... | Si fuera tú ... |
| If companies employed more women ... | Si las compañias emplearan más mujeres ... |

En inglés existe una forma muy sencilla de mostrar la condición en esta clase de oración. Después de **if** se usa el pretérito imperfecto. El primer ejemplo muestra la única ocasión donde puede ver que no se usa el pretérito imperfecto. Donde pensaría usar **was** se puede usar bien **was** o **were**. **I was there last year** (Estuve allí el año pasado) se forma con el pretérito indefinido; **If I was/were rich** (Si fuera rico) aquí no es pretérito en absoluto. Es presente o futuro hipotético o imposible. Con todos los verbos esta condición 'irreal' se forma con el tiempo pretérito; **If you lived in the USA** (Si vivieras en los Estados Unidos); **If your parents saw you** now (Si tus padres te vieran ahora). Generalmente el verbo principal es **would:**

**If I were you, I'd (I would) leave now.**
**If your parents saw you now, they wouldn't believe it.**

### Ejercicio 135
*Complete:*
1   **If I ... (be) rich, I ... (buy) a car.**
2   **You .... (not, believe) me if I ... (tell) you.**
3   **... (you, like) it if someone ... (do) that to you?**
4   **If he ... (not, be) so lazy, he ... (be) quite good.**
5   **I ...(buy) it if I ... (have) the money.**
6   **More people ... (come) here if it ... (not, cost) so much.**

Dado que el pretérito se usa para mostrar un presente irreal, no le sorprenderá ver que cuando quiera hablar sobre un pasado irreal debe usar una forma aún más pasada: had -ed (ver sección 117). **Yesterday, if I'd been you** (Ayer, si hubiera sido tú), **If your parents had seen you** (Si tus padres te hubieran visto). En el resto de la frase el tiempo del verbo principal será el pretérito **would have:**

**If I'd been you, I would have refused to pay.**
**If your parents had seen you, they wouldn't have believed it.**

### Ejercicio 136
*Complete:*
1   **There ... (be) a bad accident if I ... (not, stop).**
2   **What ... (you, do) if he ... (say) no?**
3   **If the police ... (act) more quickly, it ... (not, happen).**
4   **They ... (not, enjoy) it if they ... (pay) less for it.**
5   **If you ... (ask) me, I ... (help) you.**
6   **People ... (not, believe) it if they ... (see) it.**

## CONVERSACION

| | | |
|---|---|---|
| *Philip* | **Of course, it's quite an old car.** | Desde luego, es un coche bastante viejo. |
| *Martin* | **What did you do to it?** | ¿Qué le hiciste? |
| *Philip* | **I just adjusted the timing. How does it seem now?** | Sólo le ajusté el tiempo. ¿Qué tal va ahora? |
| *Martin* | **It's going better. Would it be OK if I took it a bit faster?** | Va mejor. ¿Estaría bien si le llevarás un poco más deprisa? |
| *Philip* | **I wouldn't if I were you.** | Yo no lo haría si fuera tú. |
| *Martin* | **Why not?** | ¿Porqué no? |
| *Philip* | **There's usually a police car along this road.** | Normalmente hay un coche de policía en esta carretera. |
| *Martin* | **OK. I'll try it later.** | Está bien. Probaré más tarde. |

## 136 good, well

Well se puede usar como adjetivo; cuando significa 'de buena salud'. **How are you?** (¿Qué tal estás?), **I'm very well, thank you** (Estoy muy bién, gracias). Fíjese en los siguientes ejemplos:

| | |
|---|---|
| **She looks good.** | Es guapa. |
| **She looks well.** | Tiene buen aspecto. |

## 137 Los sentidos

| | | | |
|---|---|---|---|
| **see** [SI] | ver | **look at** [LUK] | mirar |
| **hear** [JHIAR] | oir | **listen to** [LiS'N] | escuchar |

| | |
|---|---|
| **If you look at it carefully, you'll see some mistakes.** | Si miras detenidamente, verás algunas faltas. |
| **He can't hear you.** | No te oye. |
| **He's not listening to you.** | No te escucha. |

| | |
|---|---|
| **look** | mirar, parecer |
| **sound** | sonar |
| **feel** [FIL] | sentir, palpar, tocar |
| **smell** [SMEL] | oler |
| **taste** [TEIST] | saber, gustar |

Estos verbos pueden ser activos o pasivos: **I can smell cooking** (Huelo el guisado); **It doesn't smell of anything** (No huele a nada). **I am not feeling well** (No me siento bien); **Feel his muscles** (Toca sus músculos). Cuando son pasivos, van seguidos de un adjetico, no de un adverbio:

| | |
|---|---|
| **It looks good and it smells good, but it tastes dreadful.** | Parece bueno y huele bien, pero sabe horrible. |
| **That sounds interesting.** | Eso suena interesante. |

**Ejercicio 137**

*Traduzca estas preguntas y conteste en inglés:*
1  **What do you do with your eyes?**
2  **What do you do with your ears?**   (ear – oido)
3  **What do you do with your nose?**   (nose – nariz)
4  **What do you do with a TV programme?**
5  **What do you do with the radio?**
6  **What do you do with coffee?**

# 138 have been -ing

| | |
|---|---|
| I've been waiting since nine o'clock. | Estoy esperando desde las 9h. |
| She's been living here for years. | Vive aqui desde hace años. |

Esta forma de hablar es muy común. Asi como la forma **have -ed** (ver sección 78) indica que algo ha comenzado en el pasado y aún continúa en el presente, pero hace énfasis en la duración del tiempo.

### Ejercicio 138

*Complete, usando* **have been:**

| | |
|---|---|
| 1 ... (you, wait) long? | ¿Hace mucho que esperas? |
| 2 She ... (look) for a job for weeks. | Hace semanas que busca trabajo. |
| 3 What ... (you, do) all morning? | ¿Que has hecho durante toda la mañana? |
| 4 I ... (not, feel) very well recently. | No me encuentro muy bien recientemente. |
| 5 The child ... (not, eat) well. | El niño no come bien. |
| 6 We ... (expect) a phone call from you. | Esperábamos una llamada de teléfono tuya. |
| 7 My team ... (lose) a lot of games. | Mi equipo ha perdido muchos partidos. |

## CONVERSACION

| | | |
|---|---|---|
| *George* | Have you seen any good programmes on TV? | ¿Has visto algún buen programa de tele? |
| *Terry* | No. I haven't been watching TV. | No, no he estado viendo la tele. |
| *George* | Are you feeling all right? | ¿Te sientes bien? |
| *Terry* | What do you mean? | ¿Qué quieres decir? |
| *George* | You're a TV addict. | Eras un fanático de la tele. |
| *Terry* | No. I used to be. But not now. | Lo era. Ya no. |
| *George* | What have you been doing instead? | ¿Qué has estado haciendo entonces? |
| *Terry* | Nothing special. | Nada en especial. |
| *George* | That doesn't sound much fun. | Eso no suena muy divertido. |
| *Terry* | It's not. | No lo es. |

## 139 Nombres colectivos

| | |
|---|---|
| **His firm has just lost its best customer.** | Su firma acaba de perder |
| **His firm have just lost their best customer.** | su mejor cliente. |

Con nombres como **firm, team** (firma, equipo), **government**, si los considera como un grupo de personas, trátelos en plural: **The team have been doing badly** (El equipo no han jugado muy bien), **The government are discussing it** (El Gobierno lo están discutiendo). Si lo considera como una unidad, trátelo en singular: **The team has lost again, The government is incompetant.** Es a su elección.

## 140 ought to (debería)

| | |
|---|---|
| **The government ought to stop it.** | El Gobierno debería pararlo. |
| [ORT] | |
| **He oughtn't to do that.** | No debería hacer éso. |

Este es un verbo bastante inútil ya que se puede reemplazar por **should**. No obstante, merece la pena mencionarlo ya que es el últmo de los verbos 'anormales'. Finalmente, está la lista final de estos verbos.

| | |
|---|---|
| **can** | **could** |
| **may** | **might** |
| **must** | **ought to** |
| **shall** | **should** |
| **will** | **would** |

En resumen, ninguno de éllos años añade **-s. -ing, -ed,** nunca cambian. Ninguno de éllos usa **do, does** o **did** en interrogaciones o negaciones; simplemente cambian el orden en las interrogaciones, **Must you?**, y añaden **not** en las negaciones **You must not.** Y tercero no se prestan a fácil traducción, porque expresan sentidos como 'debería' o 'podría'.

### Ejercicio 139

*Trate de traducir, o al menos de comprender lo que sigue:*
1  **Can I help you?**
2  **Could you lend me ten dollars?**   (**lend** – prestar)
3  **May I use your phone?**
4  **Someone might see you.**
5  **It must be about lunchtime.**
6  **He ought to work harder.**
7  **Shall we dance?**
8  **He shouldn't smoke so much.**   (**smoke** – fumar)
9  **We'll see each other again.**   (**we ... each other** – nosotros nos...)
10  **He wouldn't like to be in my position.**

## 141 The weather (Tiempo atmosférico)

| | | |
|---|---|---|
| rain [REIN] | It'll rain soon. | Lloverá pronto. |
| snow [SNOU] | It snows a lot there. | Nieva mucho allí. |
| sun [SAN] | The sun is shining. | El sol está brillando. |
| wind [UIND] | The wind is blowing. | El vinto está soplando. |
| fog [FOG] | There'll be fog. | Habrá niebla. |

Se puede formar adjetivos con estos nombres añadiendo **-y** (y si es necesario doblando la consonante). Así **it's sunny** (hace sol), **windy**, **foggy**, e incluso **snowy** y **rainy**.

### Ejercicio 140

*Traduzca y responda en inglés:*
1 **What's the weather like where you live in January?**
2 **What's it like in July?**
3 **Is it the same in November?**   (the same – lo mismo)
4 **When is it windy?**
5 **Do you get enough rain?**   (enough – suficiente)
6 **Do you like the snow?**   (like – gustar)

### CONVERSACION

| | | |
|---|---|---|
| *Tim* | **John?** | ¿John? |
| *John* | **Yes. Speaking.** | Si. Al habla. |
| *Tim* | **This is Tim here. Listen, I'm coming to your part of the world next week. The company are sending me. Would it be all right if I came and stayed with you?** | Soy Tim. Escucha, voy a tu parte del mundo la próxima semana. Me envía la compañía. ¿Está bien si me quedo en tu casa? |
| *John* | **Of course. That would be great.** | Desde luego. Estaría estupendo. |
| *Tim* | **Listen, what should I bring?** | Escucha ¿Qué debo traer? |
| *John* | **Like what?** | ¿Como qué? |
| *Tim* | **Clothes and things. I mean, what will the weather be like?** | Ropa y cosas. Quiero decir, ¿Qué tiempo hará? |
| *John* | **It ought to be good. Of course, you can never tell, but we've been having nice warm weather.** | Debería hacer bueno. Desde luego nunca se puede decir, pero estamos teniendo buen tiempo. |

## 142 wish

| | |
|---|---|
| **I wish I was richer.** [WiSH] | Ojalá fuera rico. |
| **He wishes he hadn't said it.** | Ojalá no lo hubiera dicho él. |

Ultimamente hemos hablado de hipótesis o situaciones irreales usando **if** (ver sección 135). La 'irrealidad' de un hecho se expresa en presente o futuro usando el pretérito imperfecto y un hecho pasado empleando **had -ed.** Esta misma regla se aplica en otros casos donde aparecen situaciones irreales o hipotéticas similares. 'No soy rico y ojalá que lo fuera', **I am not rich, and I wish I were/was;** 'No estaba allí, y ojalá que hubiera estado', **I was not there, and I wish I had been.** Hay una construcción **wish to: The boss wishes to see you** (El jefe quiere verte). Esta lógicamente no es irreal. Compare **I wish to be rich** (Deseo ser rico) y **I wish I were rich.** El pasado también puede aparecer con estas construcciones tanto como con **if** y **wish.**

| | | |
|---|---|---|
| time | It's time we left. | Es hora de que nos marchemos. |
| would rather | I'd rather you didn't go. | Ojalá que no fueras. |
| if only | If only it hadn't happened. | Ojalá no hubiera pasado. |

### Ejercicio 141

*Complete:*

1   It's time the children ... (be) in bed.
2   If only you ... (visit) us last week.
3   If I ... (had) the car last week, I could have taken you.
4   I wish the weather ... (be) nicer today.
5   I wish the weather ... (be) nicer yesterday.
6   If I ... (rule) the country, they would be sorry.   (rule – dirigir)
7   They'd rather you ... (pay) cash.   (pay cash – pagar efectivo)
8   I'd say he was joking, if I ... (not, know) better.   (joke – bromear)
9   I wish I ... (know) the answer.

## 143 at least, etc. (por lo/al menos)

| | |
|---|---|
| **She's at least twenty.** [AET LIST] | Al menos tiene veinte años. |
| **He's stupid, but at least he's honest.** | Es estúpido, pero al menos es honrado. |
| **He'll lose his licence, at least.** | Perderá el carnet, por lo menos. |

Los siguintes adverbios también se emplean en esta construcción:

| | | |
|---|---|---|
| most | A hundred dollars at most. | Cien dólars como mucho. |

| best | It's a year in prison at best. | Es un año en prisión como mínimo. |
|------|-------------------------------|-----------------------------------|
| worst | at worst | a lo peor |
| first | at first | al principio |
| last | at last | por fin |

Además se usa **the**: **It'll be Friday at the soonest/latest** (Será el viernes como pronto/tarde), **at the earliest** (lo más temprano), **It's never above twenty-five degrees, at the hottest** (Nunca está por encima de veinticinco grados, como mucho).

### Ejercicio 142

*Traduzca:*

1 **He's not very clever, but at least he tries.** (clever – listo)
2 **I'll see you Tuesday at the latest.**
3 **I didn't understand him at first.**
4 **It'll cost you at least a hundred dollars.**
5 **He's not more than eighteen, at most.**
6 **At best, you'll come back cold and tired.** (come back – volver)
7 **At last it's pay-day.**
8 **I can't do it before Tuesday at the earliest.**

## CONVERSACION

| | | |
|---|---|---|
| *Katherine* | I want to post this packet to Australia. | Quiero enviar este paquete a Australia. |
| *Official* | By air or surface mail? | ¿Correo aéreo o terrestre? |
| *Katherine* | I don't know. | No sé, |
| *Official* | If you sent it surface mail, it would take two months, at least. | Si lo envia por correo terrestre tardará dos meses por lo menos. |
| *Katherine* | And airmail? | ¿Y aéreo? |
| *Official* | A week or ten days. But it's much more expensive. | Una semana o días. Pero es mucho más caro. |
| *Katherine* | It'll have to be by air. It wouldn't get there in time, otherwise. | Tendrá que ser aéreo. Si no, no llegaría a tiempo. |
| *Official* | You'll have to fill in this form. | Tendrá que rellenar este formulario. |
| *Katherine* | Will I? | ¿Yo? |
| *Official* | Yes. It's for the customs. You say what's in the packet, and what the value is. | Si. Es para Aduanas. Diga lo que hay en el paquete y su valor. |
| *Katherine* | I wish I hadn't started this. | Ojalá no hubiera empezado todo ésto. |

# Lección 10

## 144 because, so (porque, por éso)

**Why? Because.** [BiKOS]   ¿Porqué? Porque.
**He stopped because the lights**   Se paró porque las luces estaban rojas.
**were red.**

Aqui no hay problema. Pero fíjese que se dice **because of** (a causa de): **The game was cancelled because of the weather** (El partido se canceló a causa del tiempo)
Causa y efecto se pueden presentar en orden inverso, con **so**:

**The lights were red, so he stopped.** [SOU]   ... por eso paró.

### Ejercico 143

*Llene los espacios con* **because, because of** *o* **so**:
1   I left ... I was bored. (**leave** – marchar; **bore** – aburrir)
2   ... her, my whole day was ruined.   (**whole day** – todo el día)
3   She was angry ... I laughed at her.   (**angry** – enfadada; **laugh** – reir)
4   She looked worried, ... I asked if she was OK.   (**worry** – preocupar)
5   ... you're eighteen, you can go into a pub now. (**pub** – bar)
6   You're eighteen, ... you can go into a pub now.
7   They saw something on TV, ... they are worried.
8   Fruit prices are high ... the bad weather. (**high** – alto)

## 145 whatever, etc. (lo que sea)

En palabras como **whatever, whenever, wherever,** la partícula **ever** es enfática. A veces implica 'lo que sea/cuando': **Stop whatever you're doing.** (Deja lo que sea que estas haciendo)

### Ejercicio 144

*Traduzca:*
1   **Call in whenever you're passing.**   (**call in** – visitar)
2   **I'll find you wherever you are.**   (**find** – encontrar)
3   **Whatever you do, don't touch that.** (**touch** – tocar)
4   **Whoever said that was wrong.**   (**be wrong** – estar equivocado)
5   **Take whichever you prefer.**   (**take** – coger)
6   **Buy it, however much it costs.**   (**buy** – comprar)

## 146 Movimiento

| | | | |
|---|---|---|---|
| **up** [AP] | arriba | **down** [DAUN] | abajo |
| **forward** [FORUORD] | delante | **back** [BAEK] | atrás |
| **towards** [TUUORDS] | hacia | **into** [iNTu] | en, dentro |
| **along** [eLOng] | por | **past** [PAEST] | más allá de |

Note la diferencia entre **in** e **into**: **in**: en; **into**: en, dentro con movimiento hacia el interior.

### Ejercicio 145

*Complete:*

1 **With skiing, coming ... the mountain is faster than going ... .** — Al eskiar, bajar la montaña es más rápido que subir
2 **We were walking ... the street.** — Caminábamos por la calle.
3 **I was going ... the post office.** — Iba hacia Correos.
4 **He went ... the bank without stopping.** — Pasó más allá del banco sin parar.
5 **The work is going ... satisfactorily.** — El trabajo va adelante satisfactoriamente.
6 **We walked ... the park.** — Paseábamos en el parque.
7 **We walked ... the park.** — Paseábamos en el parque.
8 **After an hour, we turned ...** — Después de una hora nos volvimos para atrás.

A propósito, se puede ir **down the street, up the street** o **along the street** sin que cambie el sentido de la frase.

### CONVERSACION

| | | |
|---|---|---|
| *Martin* | **I need a single room for the night.** | Necesito un habitación para la noche. |
| *Reception* | **I'm sorry. We're fully booked.** | Lo siento, estamos completos. |
| *Martin* | **Damn.** | Caramba. |
| *Reception* | **I think it'll be the same wherever you go.** | Creo que será lo mismo donde quiera que vaya. |
| *Martin* | **Why's that?** | ¿Qué pasa? |
| *Reception* | **It's because there's a big conference in town, so all the hotels will be full. But you could try down the street, towards the station. There are some small places along there.** | Es porque hay una gran conferencia en la ciudad y por eso todos los hoteles estarán llenos. Pero puede preguntar por la calle, hacia la estación. Hay algunos sitios pequeños allí. |
| *Martin* | **I'll try. Thank you.** | Preguntaré. Gracias. |
| *Reception* | **You're welcome.** | No hay de qué. |

## 147 will be -ing

**This time next week, you'll be lying on the beach.**
**I won't be revealing any secrets if I say this.**

Todos los verbos pueden mostrarse con la versión **be** más **-ing,** y siempre tiene un sentido de algo en progreso. 'La semana que viene, el jueves por la mañana a las 11.15, ya estarás en la playa tomando el sol'. Los diez verbos anormales pueden aparecer de esta forma: **I must be going** es una forma muy popular de decir 'Tengo que marcharme'.

### Ejercicio 146

*Traduzca:*
1   **I should be working now.**
2   **You must be joking.** (joke – bromear)
3   **They may be enjoying themselves.**
4   **I would be lying if I said yes.** (lie – mentir)
5   **He can't be speaking to us.**
6   **I might be going to Japan, with luck.** (luck – suerte)
7   **The train ought to be arriving any minute now.**
8   **I'll be seeing you, next year.**
9   **You could be taking a risk.** (take a risk – arriesgarse)
10  **I shan't be staying long.**

**Shall/shan't (shall not)** se usa más en futuro con **I** y **we.**


## 148 look

Algunas preposiciones al añadirse a un verbo cambian totalmente su sentido. Por ejemplo el verbo **look:**

| | | |
|---|---|---|
| **for** | **I'm looking for a shoe.** | Estoy buscando un zapato. |
| **at** | **Come and look at this.** | Ven y mira ésto. |
| **round** | **We're not buying; just looking round.** | No vamos a comprar; solo mirar. |
| **up** | **Look the number up in the phone book.** | Busca el número en la guía de teléfonos. |
| **after** | **I'm looking after their dog.** | Estoy cuidando a su perro. |
| **forward to** | **Are you looking forward to Friday?** | ¿Esperas el viernes con ilusión? |
| **out** | **Look out!** | ¡Cuidado! |

### Ejercicio 147

*Complete:*
1   **He looked ... me strangely.**     Me miró de forma extraña.

| | |
|---|---|
| 2 **Can you look ... my car while I'm away?** | ¿Puedes cuidarme el coche mientras estoy fuera? |
| 3 **It was a new word, so I looked it ... in the dictionary.** | Era una palabra nueva, entonces la busqué en el diccionario. |
| 4 **If you're driving fast, look ... for police cars.** | Si conduces deprisa, ten cuidado con los coches de policía. |
| 5 **I'm not looking ... ... next week.** | No espero la semana que viene con ilusión. |
| 6 **I'm looking ... the keys I lost.** | Estoy buscando las llaves que perdí. |

## 149 had better

| | |
|---|---|
| **We'd (We had) better be going now.** | Es mejor que nos vayamos ahora. |
| **You'd (You had) better be careful.** | Es mejor que tengas cuidado. |
| **I'd better not say anything.** | Es mejor que no diga nada. |

Es una construccíon rara, pero muy sencilla.

### Ejercicio 148
*Traduzca:*
1 **We'd better stop before it's too late.**
2 **Criminals had better look out.**
3 **Hadn't you better get ready?** (**get ready** – prepararse)
4 **You'd better tell him the truth.** (**truth** – verdad)
5 **I'd better book a room.**

CONVERSACION

| | | |
|---|---|---|
| *Christine* | **Sorry I'm late.** | Lo siento que llego tarde. |
| *Diana* | **That's all right. You're not late. It won't be starting for another ten minutes.** | Está bien. No llegas tarde. No empieza hasta dentro de diez minutos. |
| *Christine* | **I had to do some shopping. I might be going away for the weekend.** | Tenía que hacer unas compras. Quizás me vaya de viaje durante el fin de semana. |
| *Diana* | **Oh yes?** | ¿Ah si? |
| *Christine* | **I'd better get the tickets.** | Es mejor que compre los billetes. |
| *Diana* | **Leave your bags here. I'll look after them.** | Deja aqui tus bolsas. Las cuidaré. |
| *Christine* | **OK. I'm really looking forward to this show.** | Está bien. De verdad ahora estoy muy ilusionada. |
| *Diana* | **Me too.** | Yo también. |

## 150 so, neither (también, tampoco)

| | |
|---|---|
| **I like swimming. So do I.** [SOU DU AI] | Me gusta nadar. A mi también. |
| **I'm tired. So am I.** | Estoy cansado. Yo también. |
| **I don't smoke. Neither do I.** [NAIDHer o NIDHer] | No fumo. Yo tampoco. |

Esta es una forma muy común de expresar conformidad con la otra persona. Se emplea **so** seguido del orden de palabras de la oración, y copiar la gramática de la oración precedente. De esta forma es parecida a la partícula (ver sección 118). Detrás de una oración negativa, se usa **neither** o **nor**.

### Ejercicio 149

*Exprese su conformidad a estas frases, comenzando la frase con* **so** *o* **neither:**

1 **I'll be here tomorrow.**   (Estaré aquí mañana. Yo también)
2 **I liked the story.**   (Me gustó el cuento. A mí también)
3 **I can't understand it.**   (No lo entiendo. Yo tampoco).
4 **I'm looking for a rich man.**   (**look for** – buscar)
5 **I wish it was Friday.**
6 **I shouldn't be here, really.**
7 **I was waiting for that.**   (**wait for** – esperar)
8 **I've never been to China.**
9 **I forgot my money.**   (**forget** – olvidar)
10 **I must be going now.**

## 151 At the restaurant (En el restaurante)

| | | | |
|---|---|---|---|
| **knife** [NAIF] | cuchillo | **fork** | tenedor |
| **spoon** | cuchara | **plate** | plato |
| **cup** | taza | **glass** | vaso |
| **starter** | entremés | **sweet** | postre |
| **menu** | menú | **bill/check** | nota |

Los americanos usan **check** para nota; en inglés británico se usa **bill.** Los dos se entienden.

### Ejercicio 150

*Traduzca las siguientes frases respondiendo en inglés.*

1 **What is used for cutting?**
2 **What is on the table at dinner?**
3 **What do you eat ice cream with?**   (**ice cream** – helado)
4 **What do you ask for before you eat?**

5  **What do you ask for after you eat?**  (after – después)
6  **What do you drink coffee from?**  (drink – beber)
7  **What do you drink wine from?**  (wine – vino)


## 152 only (sólamente)

| | |
|---|---|
| **She was only three.** [OUNLi] | Sólo tenía tres años. |
| **Only a Spaniard could say that.** | Sólo un español podría decir éso. |
| **He only just escaped.** | Se acababa de escapar. |

La posición de **only** depende de lo que califica, y al hablar se pone el
énfasis sobre la palabra en cuestión: **She lent me some money only** (Ella
me prestó dinero, nada mas); **Only she lent me some money** (Sólo élla me
prestó, nadie más); **She only lent me some money** (Me prestó, no me dió);
**She lent me only some money** (algo, no mucho).


### Ejercicio 151

*Ponga* **only** *donde sea preciso:*

| | | |
|---|---|---|
| 1 | **There were two people there.** (only) | Sólo había dos personas. |
| 2 | **It's four dollars.** (only) | Sólo cuesta cuatro dólares. |
| 3 | **You could do that.** (only) | Sólo tú puedes hacerlo. |
| 4 | **It's natural.** (only) | Es sólo natural. |
| 5 | **You have to ask.** (only) | Sólo tienes que preguntar. |
| 6 | **I arrived yesterday.** (only) | Acabo de llegar ayer. |


### CONVERSACION

| | | |
|---|---|---|
| *Edward* | **We're going to Spain this year.** | Este año vamos a España. |
| *Colin* | **Are you? So am I.** | ¿Sí? Yo también. |
| *Edward* | **We went there last summer.** | Fuimos allí el verano pasado. |
| *Colin* | **Did you? So did I.** | ¿Sí? Yo también. |
| *Edward* | **Yes? Where did you go?** | ¿Si? ¿Donde fuiste? |
| *Colin* | **To Majorca.** | A Mallorca. |
| *Edward* | **That's funny. So did we.** | Tiene gracia. Nosotros también. |
| *Colin* | **Are you going back to the same place?** | ¿Vais a volver al mismo sitio? |
| *Edward* | **Yes. It was very nice.** | Si. Era muy bonito. |
| *Colin* | **Yes, it was. Only ...** | Si lo era. Solo que ... |
| *Edward* | **Only what?** | ¿Sólo qué? |
| *Colin* | **There were too many foreigners there.** | Había demasiados extranjeros allí. |
| *Edward* | **That's what we thought.** | Eso es lo que pensábamos. |

# 153 to, -ing

Ya se habrá dado cuenta que algunos verbos van seguidos de **to**.

| | |
|---|---|
| **I want to go home.** | Quiero irme a casa. |
| **Ask him to stop.** | Díle que pare. |
| **He told me to wait.** | Me dijo que esperara. |
| **We decided to leave.** | Decidimos irnos. |
| **We agreed to meet.** | Convenimos en encontrarnos. |

Algunos verbos van seguidos de **-ing**.

| | |
|---|---|
| **Please stop saying that.** | Por favor deja de decir éso. |
| **I enjoy talking to her.** | Me gusta hablar con élla. |
| **Excuse me for interrupting.** | Perdón por interrumpir. |
| **At last he finished speaking.** | Por fin terminó de hablar. |
| **You risk damaging it.** | Arriesgas estropearlo. |

Los libros de gramática no tienen una razón satisfactoria para explicar esta diferencia. Parecer ser que hay que aprenderlos de memoria. Con algunos verbos se pueden usar las dos construcciones:

| | |
|---|---|
| **He started smoking/to smoke a year ago.** | Hace un año que comenzó a fumar. |
| **She prefers walking/to walk.** | Prefiere caminar. |
| **They continued arguing/to argue.** | Continuaron discutiendo. |
| **I like listening/to listen to the radio.** | Me gusta escuchar la radio. |

Aqui puede haber una diferencia: **I didn't like to read a private letter, so I didn't** (No me gustaba leer una carta privada, entonces no la leí); y **I don't like reading a private letter but I had to read it** (No me gusta leer una carta privada pero tuve que leerla): aqui la diferencia estriba en que una es **want** y la otra **enjoy**. Normalmente no hay mucha diferencia. Con **would like** debe emplear **to: I'd like to say something** (Me gustaría decir algo).

Con los verbos anormales **can, will,** etc.. no se emplea **-ing** ni **to**. Esta misma regla la siguen los verbos **let, had better** y **make**:

| | |
|---|---|
| **Let me go.** | Déjame ir. |
| **We'd better wait.** | Es mejor que esperemos. |
| **He made me do it.** | Me hizo hacerlo. |

Los verbos de percepción siguen esta misma relga.

| | |
|---|---|
| **I saw him come/coming.** | Le ví venir. |
| **We watched them go/going.** | Les vimos marcharse. |
| **I heard the phone ring/ringing.** | Oí el teléfono sonar. |

Si alguien preguntase cual es la diferencia entre **I heard it ring** y **I heard it**

**ringing,** la respuesta es 'no mucha', únicamente podría ser que en el primer caso oí el teléfono sonar una vez y en el segundo varias veces.

**Ejercicio 152**

*Complete:*
1  **I don't want ... (go), but I must.**
2  **They've stopped ... (sell) tickets.**
3  **She enjoys ... (go) to the theatre.**
4  **Tell me what you've decided ... (do).**
5  **I wouldn't like ... (be) in your position.**
6  **I didn't see him ... (leave).**
7  **Tell him ... (hurry up).**  (hurry up – darse prisa)
8  **I'll continue ... (think) he's wrong.**
9  **They won't let me ... (work).**  (no me permiten)
10  **He asked me ... (help) him.**
11  **I heard him ... (go) up the stairs.**  (subir las escaleras)
12  **The idea is to make you ... (drive) slower.**

CONVERSACION

| | | |
|---|---|---|
| *George* | **Can you have a look at it?** | ¿Puede echarle una mirada? |
| *Mechanic* | **Sure. What's the matter?** | Seguro. ¿Que pasa? |
| *George* | **It makes me want to scream.** | Me hace querer gritar. |
| *Mechanic* | **Yeah? Why's that?** | ¿Si? ¿Porqué? |
| *George* | **It's started giving me all sorts of trouble.** | Ha empezado a darme todo tipo de problemas. |
| *Mechanic* | **Like what?** | ¿Como qué? |
| *George* | **It's really difficult to start when it's cold.** | No arranca cuando está frio. |
| *Mechanic* | **I heard you come in. The engine sounded all right then.** | Le oí entrar. El motor sonaba bien entonces. |
| *George* | **It's OK when it's been running a bit.** | Está bién cuando ha rodado un rato. |
| *Mechanic* | **It may be a gasket. We'd better let it get cold first, then have a look.** | Puede ser la junta de culata. Es mejor que se enfríe un poco primero y después lo miraré. |

## 154 will be -ed, can be -ed (se puede hacer)

| | |
|---|---|
| **It can't be done.** | No se puede hacer. |
| **You'd be surprised.** | Te sorprenderá. |

Los diez verbos anormales, **can, will,** etc. usan la forma pasiva más que el español. Como se puede suponer, se forma con **be.**

### Ejercicio 153

*Complete:*

1 **You ... (must, prepare) to work hard.**     Debes estar preparado a trabajar más duro.

2 **It's ruined. It ... (can, repair).**     Está estropeado. No se puede arreglar.

3 **The number ... (may, change) soon.**     Pronto se va a cambiar el número.

4 **If he comes, he ... (will, made) welcome.**     Si viene, se le dará la bienvenida.

5 **The price ... (should, mark) on it.**     El precio se debe marcar sobre éllo.

6 **He ... (ought to, arrest).**     Deben arrestarle.

7 **You ... (could, expect) to know.**     No se podía haber esperado que lo supieras.

Si ésto parece un poco raro en español, recuerde que en inglés suena perfectamente.

## 155 as ... as (tan ... como)

| | |
|---|---|
| **The children were as good as gold.** | Los niños se portaron muy bien. (lit: tan buenos como el oro) |

En inglés se usa la forma **as ... as** para expresar comparación, incluso en frases hechas: **as cold as marble** (tan frio como el mármol). Compárelo con el uso de **like: The children were like angels** (Los niños parecían ángeles). **It was like mármol** (Era como mármol).

### Ejercicio 154

*Añada la palabra adecuada:*
**night, a tomato, houses, ice, snow**

1 **Her hand was as cold as ...**
2 **It was raining, and as dark as ...**
3 **He was wearing a shirt as white as ...**     (shirt – camisa)
4 **Don't worry. It's as safe as ...**     (worry – preocupar)
5 **He'd sat in the sun all day, and was as red as ...** (sun – sol)

## 156 few, little (pocos, poco)

**He has few friends.** [FIU]       Tiene pocos amigos.
**He has little money.** [LiTeL]    Tiene poco dinero.

Asi como con **much** y **many** (Ver sección 69): **few** es plural, **little** es singular.

Al igual que en español, hay diferencia entre **a few** y **few** (unos cuantos, poco), y **a little** y **little** (un poco, poco).

**There are a few Frenchmen here.**    Aqui hay unos cuantos franceses.
**There are few Frenchmen here.**     Aqui hay pocos franceses.

### Ejercicio 155

*Complete con* **few, little, a few** *o* **a little***:*

| | | |
|---|---|---|
| 1 | **We have ... time.** | Tenemos un poco de tiempo. |
| 2 | **I've been to America ... times.** | He estado en América unas cuantas veces. |
| 3 | **It's ... enough that I ask.** | Es poco lo que pido. |
| 4 | **He knows ... or nothing about it.** | Es poco o nada lo que sabe sobre éllo. |
| 5 | **... English people speak good Spanish.** | Pocos ingleses hablan buen español. |
| 6 | **Would you like ... cognac?** | ¿Te apetece un poco de coñac? |
| 7 | **There are ... countries where that happens.** | Hay pocos países donde pasa éso. |
| 8 | **It's ... years since I saw him.** | Hace unos cuantos años desde que le ví. |

También se puede dar énfasis a una cantidad pequeña en otra forma: '¿Tomas azúcar?' **Only a little, please.** (Sólo un poco, por favor).

## CONVERSACION

| | | |
|---|---|---|
| *Reception* | **Are you waiting to see the doctor?** | ¿Está esperando para ver al médico? |
| *Marie* | **Yes, I am.** | Pués si. |
| *Reception* | **He won't be long. You'll be called in a few minutes.** | No tardará mucho. Se la llamará en unos momentos. |
| *Marie* | **That's what the other girl said.** | Eso es lo que la otra chica dijo. |
| *Reception* | **You've been here a little while, have you?** | ¿Ha estado aquí un rato, verdad? |
| *Marie* | **Actually, it's over an hour.** | En realidad, hace mas de una hora. |
| *Reception* | **As long as that?** | ¿Tánto como éso? |
| *Marie* | **Yes. As long as that.** | Si. Tánto como éso. |
| *Reception* | **I'll see what can be done** | Veré que puedo hacer. |

## 157 take

| | | |
|---|---|---|
| take off | You can take off your jacket. | Puedes quitarte la chaqueta. |
| | The plane took off at ten. | El avión despegó a las diez. |
| take up | He's taken up karate. | Ha empezado kárate. |
| take out | He'll take us out to dinner. | Nos va a llevar a cenar fuera, |

Las combinaciones de **take** con otras preposiciones también tienen significados literales: **take your elbows off the table** (quita los codos de la mesa), **take up/down** (subir/bajar), **take in/out** (meter/sacar), **take away** (llevarse), **take back** (devolver).

### Ejercicio 156

*Complete. Recuerde que el pasado de* **take** *es* **took** *o* **taken***:*

1 **He ... smoking when he was ten.** Empezó a fumar cuando tenía diez años.
2 **When does your flight ...?** ¿Cuándo despega tu vuelo?
3 **I must ... the books I borrowed.** Tengo que devolver los libros que pedí prestados.
4 **He ... his money and paid for everything.** Sacó dinero de su bolsillo y pagó todo.
5 **You haven't ... your jersey.** No te has quitado el jersey.
6 **I ... what I said about you.** Retiro lo que he dicho de tí.

## 158 usually, always, etc.

| | |
|---|---|
| He's always late. | Siempre llega tarde. |
| He always talks too much. | Siempre habla demasiado. |
| She'll always be beautiful. | Siempre será hermosa. |

Estos ejemplos muestran la regla del orden con adverbios de tiempo como 'always', 'usually', 'never', etc.: detrás de **be** , delante de cualquier verbo simple y entre el verbo principal y la preposición en un verbo compuesto. Cuando los encuentre en cualquier otro orden, es para dar énfasis a la oración.

### Ejercicio 157

*Coloque la palabra entre paréntesis en su lugar:*

1 **She was ill. (often)** A menudo estaba enferma.
2 **I go by car. (usually)** Normalmente voy en coche.
3 **I have been skiing. (never)** Nunca he eskiado.
4 **Look before crossing the road. (always)** Siempre mira antes de cruzar la calle.
5 **They can be seen in the city. (seldom)** Rara vez se les ve en la ciudad.

# 159 keep

| | |
|---|---|
| **Keep smiling.** [KIP] | No dejes de reir. |
| **He kept calling me names.** [KEPT] | No dejaba de insultarme. |
| **Keep quiet.** | Guarden silencio. Cállense. |
| **I don't want it; you can keep it.** | No lo quiero; puedes quedártelo. |

Esta es una palabra muy útil, pero tenga cuidado, el diccionario da como primera traducción: guardar.

## Ejercicio 158

*Traduzca:*

1 **She kept him talking for hours.** (**talk** – hablar)
2 **Keep to the left.** (**the left** – la izquierda)
3 **He finds it difficult to keep a job for long.** (**find** – encontrar)
4 **I keep forgetting her name.** (**forget** – olvidar)
5 **If he keeps doing that, he'll get into trouble.**

## CONVERSACION

| | | |
|---|---|---|
| *Employee* | **Customer relations. Can I help you?** | Servicio de clientes. ¿Deseaba algo? |
| *De Freitas* | **Yes. I've lost a credit card.** | Si. He perdido una tarjeto de crédito. |
| *Employee* | **Right. Let me take down the details. Could I have your name?** | Veamos. Dígame los detalles. Me podría decir su nombre? |
| *De Freitas* | **Joe de Freitas.** | Joe de Freitas. |
| *Employee* | **Could you spell that, please?** | ¿Puede deletrearlo, por favor? |
| *De Freitas* | **Small d, e. Next word, capital f, small r, e, i, t, a, s.** | D minúscula, e. F mayúscula, r minúscula, e, i, t, a, s. |
| *Employee* | **And your initial?** | ¿Y su inicial? |
| *De Freitas* | **J. J for July.** | J. J como en Julio. |
| *Employee* | **And the card number?** | ¿Y el número de tarjeta? |
| *De Freitas* | **Two six four double o one six.** | Dos seis cuatro cero cero uno seis. |
| *Employee* | **How long has it been lost?** | ¿Cuánto hace que la perdió? |
| *De Freitas* | **Well, I usually keep it on me. Not more than a day, I think. I'll keep looking for it.** | Bueno, normalmente la llevo conmigo. No mas de un día, creo. Seguiré buscándola. |
| *Employee* | **Let us know if you find it.** | Díganoslo si la encuentra. |
| *De Freitas* | **I will.** | No faltaría más. |

# Lección 11

## 160 to

**That's easy to say.**  Eso es fácil de decir.
**That's easy for you to say.**  Te es muy fácil de decir éso.

### Ejercicio 159

*Complete:*
1 **It's not ... (safe, them, cross).**  Es peligroso que éllos cruzen.
2 **It's ... (impossible, be) sure.**  Es imposible estar seguro.
3 **I'm ... (pleased, meet) you.**  Encantado de conocerte.
4 **It's been ... (difficult, him, contact) you.**  Le ha sido muy difícil contactarte.
5 **It would be ... (simpler, me, pay).**  Sería mas sencillo que yo pagara.

## 161 and, but, or, also, too

**North and South America** [AEND/N]  y
**North but not South America** [BAT/BeT]  pero
**North or South America** [OR]  o
**North America, and also South America** [OLSOU]  y también
**North America, and South America too** [TU]  y además

En inglés hablado **and** es tan corto que apenas se oye. Por esta razón a veces se ve escrito frases como **rock 'n' roll** (rock and roll). **Also** puede aparecer antes o después del sujeto a que se refiere; **too** sólo puede ir después: **Me too** (Yo también).

### Ejercicio 160

*Complete con* **and, but, or,** *o* **also***:*
1 **We each had a sandwich ... a cup of coffee.**  (**each** – cada uno)
2 **Would you like tea ... coffee?**
3 **He is both rich ... good-looking.**  (**both** – ambos; **good-looking** – guapo)
4 **I'll be free Monday ... Tuesday, ... not both.**  (**free** – libre)
5 **He's been to China; he's ... been to Japan.**
6 **He was sacked for being late, and drunk ... .**  (**be sacked** – despedido)

138

Vea las diferentes formas de añadir información. Para ser mas completos añadiremos **as well**. Esta forma tiene el mismo sentido:

**both rich and famous**　　　　　　**rich and also famous**
**rich and famous, too**　　　　　　**rich and famous as well**

## 162 make

| | | |
|---|---|---|
| up | He's wearing make-up. | El lleva maquillaje. |
| | He's making it up. | Lo está inventando. |
| | Make up your mind. | Decídete. |
| up for | That makes up for it. | Eso compensa. |
| for | We're making for Malaga. | Nos dirigimos a Málaga. |
| out | I can't make out the signature. | No puedo averiguar la firma. |
| | Make out a cheque. | Haz un cheque. |

### Ejercicio 161

*Complete:*

1　It's not true. You made it ... .　(**true** – verdad)
2　Where are you making ...?　(¿Dónde vas?)
3　She's putting on her make- ... .　(**put on** – ponerse)
4　We'll have to make ... ... lost time.　(**lost** – perder)
5　I can't make ... the price without my glasses.　(sin mis gafas)
6　Do you like her? I can't make ... my mind about her.

### CONVERSACION

| *Mrs Philips* | George, this is Anne. Anne Grant. | Jorge, esta es Anne. Anne Grant. |
|---|---|---|
| *Anne* | Hello. | Hola. |
| *George* | Pleased to meet you. | Encantado de conocerte. |
| *Mrs Philips* | Anne's a newcomer, too. | Anne es nueva, también. |
| *George* | Are you? Where are you from? | ¿Si? ¿De dónde eres? |
| *Anne* | From Australia. But I've been in New York a couple of years. | De Australia. Pero he estado en Nueva York un par de años. |
| *George* | Which do you prefer? Here or New York? | ¿Dónde prefieres? ¿Aquí o Nueva York? |
| *Anne* | I haven't been here long enough to say. I only arrived last week. | No llevo aquí suficiente tiempo para juzgar. Sólo llegué la semana pasada. |
| *George* | I've been here a week as well. | Yo también he estado aquí una semana. |

## 163 again, yet, still (otra vez, aún, todavía)

I'm still waiting. [STiL] — Todavía estoy esperando.
I'm not ready yet. [YET] — Aún no estoy listo.
Do it again. [eGEN] — Házlo otra vez.

Yet puede reemplazar still detrás de una negación: She's still not ready,
She's not ready yet.

### Ejercicio 162

Complete con again, yet o still:
1 I hope to see you ... soon. (hope – esperar)
2 It hasn't changed. It's ... the same.
3 It's not a bad injury. He'll be playing ... in two weeks. (injury – herida)
4 He arrived at nine, and he was ... there when I left. (leave – marcharse)
5 There's no hurry. We've ... got half an hour. (hurry – prisa)
6 I must go. I haven't seen it ... .
7 I didn't understand. Can you say that ...? (understand – comprender)
8 Have you finished? No, sorry, not ... .

A propósito de Sorry y Excuse me: Se usa Excuse me, por ejemplo, para
atraer la atención del dependiente en una tienda, o para hacer que alguien
se mueva, digamos para que le ceda el paso. Se usa Sorry para pedir
excusas, o como un anuncio de malas noticias – Sorry, we're closed (Lo
siento, está cerrado). Tambien oirá Sorry cuando alguien no le oye o
entiende algo. En este caso la entonación sube, como en una pregunta, lo
cual quiere decir, '¿Podría repetirlo?'.

## 164 too (demasiado)

It was too hot to sleep. [TU] — Hacía demasiado calor para dormir.
It was too hot for me to sleep. — Hacía demasiado calor para que pudiera dormir.

Hay una forma en órden reverso de expresar este sentido usando enough:
It wasn't cool enough for me to sleep. (No estaba suficiente fresco para
que pudiera dormir).

### Ejercicio 163

Complete:
1 It's ... (soon, say). — Es demasiado pronto para hablar.
2 You are never ... (old, learn). — Nunca es tarde para aprender:
3 The station is ... (far, you, walk). — La estación está demasiado lejos para que vayas andando.
4 The case was (heavy, me, carry). — La caja pesaba demasiado para que yo la llevara.

| | |
|---|---|
| 5 **It's not (late, you, change) your mind.** | No es demasiado tarde para que cambies de idea. |
| 6 **It's ... (hot, touch).** | Está demasiado caliente para tocarlo. |
| 7 **She's ... (young, understand).** | Es demasiado joven para entender. |

## 165 either ... or, neither ... nor

| | |
|---|---|
| **He's either drunk or stupid.** [AIDHer/IDHer] | O está borracho o es estúpido. |
| **I won't be here either Friday or Saturday.** | No estaré allí ni el viernes ni el sábado. |
| **She has neither family nor friends.** | No tiene ni familia ni amigos. |

Las dos pronunciaciones son correctas. **Neither** es lo mismo que **not either**. Tienen la función de **too, also** negativo: **I didn't have any lunch either** (Yo tampoco he comido); **Me neither** (Yo tampoco).

### Ejercicio 164
*Complete:*
1 **I don't understand: ... I'm being stupid ... it's very complicated.**
2 **Would you like tea or coffee? Yes, ..., thanks.**
3 **Would you like tea or coffee? No, ..., thanks.**
4 **Why marry him, when he is ... rich ... good-looking?**
5 **I don't like him. I don't like her ... .**
6 **... you win ... you don't. (win – ganar)**
7 **It's not jazz, and it's not rock and roll, ... .**


CONVERSACION

| | | |
|---|---|---|
| *Michael* | **Hello. Are you here again?** | Hola. ¿Estás aquí otra vez? |
| *Alan* | **Still.** | Todavía. |
| *Michael* | **I'm sorry?** | ¿Perdón? |
| *Alan* | **I'm not here again. I'm still here. I haven't left.** | No estoy aquí otra vez. Estoy aquí todavía. No me he marchado. |
| *Michael* | **Good heavens!** | ¡Dios mío! |
| *Alan* | **It's too far for me to go home. It's not worth it.** | Es muy lejos para irme a casa. No merece la pena. |
| *Michael* | **It's not worth it for me, either. I went to the library, and read for an hour.** | No merece la pena tampoco para mí. Fuí a la biblioteca y leí durante una hora. |
| *Alan* | **That's a good idea. Why didn't I think of that?** | Es una buena idea. ¿Porqué no pensé en éso? |
| *Michael* | **You can do it next time.** | Puedes hacerlo la próxima vez. |
| *Alan* | **Let's hope there isn't a next time.** | Esperemos que no haya una próxima vez. |

## 166 so, such (tan, tanto)

| | |
|---|---|
| **It was so hot (that) I couldn't sleep.** [SOU] | Hacía tanto calor que no podía dormir. |
| **It was such a long way (that) we took a taxi.** [SATCH] | Era tan lejos que cogimos un taxi. |

**So** modifica a un adjetivo o a un adverbio, **such** a un nombre. Como antes, se puede omitir **that** si asi lo prefiere. Tome nota que **such** se antepone al artículo **a: such a long time** (tanto tiempo).

### Ejercicio 165

*Simplifique estas frases usando* **so** *o* **such:**

| | | |
|---|---|---|
| 1 | **It's been a long time. I've forgotten.** | Hace tanto tiempo que me he olvidado. |
| 2 | **The traffic was bad. They missed the train.** | |
| 3 | **I am hungry. I could eat a horse.** | |
| 4 | **It's nice weather. We should go out.** | |
| 5 | **It happened fast. I couldn't do anything. (fast** – desprisa) | |
| 6 | **He was shocked. He dropped his glass. (drop** – caer) | |
| 7 | **He got a shock. He dropped his glass. (glass** – vaso) | |

## 167 mind, matter

| | |
|---|---|
| **It doesn't matter.** [MAETer] | No importa. |
| **I don't mind.** [MAIND] | No me importa. |

**Matter** también se puede usar como nombre: **What's the matter?** (¿Qué pasa?); **Nothing's the matter** (No pasa nada).

### Ejercicio 166

*Complete:*

1 **John's behaving strangely. What's the ... with him? (behave** – comportarse
2 **We enjoyed ourselves. We didn't ... the bad weather.**
3 **We enjoyed ourselves. The bad weather didn't ... to us.**
4 **If he'd only told me, I wouldn't have ... .**
5 **Do you ... if I open the window?**

## 168 had been -ing

| | |
|---|---|
| **I went to the doctor, because I hadn't been feeling well.** | Fuí al médico porque no me había sentido bien. |

| | |
|---|---|
| He was tired. He'd been playing golf all day. | Estaba cansado. Había estado jugando al golf todo el día. |

Esta forma es el pasado perfecto de **have been** (ver sección 138), y expresa la idea de que algo ha ocupado un perído de tiempo antes de un momento en el pasado. **He'd played golf** es un inglés perfecto, pero **He'd been playing** es mas de acuerdo con el ejemplo antes citado ya que da énfasis al período de tiempo.

### Ejercicio 167

*Complete:*

1 **I didn't meet my neighbours until I ... (live) there for over a year.** (**neighbour** – vecino)
2 **It came as no surprise. People ... (expect) the government to react.** (**react** – reaccionar)
3 **I'm sorry I was late yesterday. ... (you, wait) long when I arrived?**
4 **You didn't understand the end because you ... (not, listen) properly earlier.** (**properly** – debidamente)

## CONVERSACION

| | | |
|---|---|---|
| *Policeman* | **Why didn't you report it?** | ¿Porqué no lo denunció? |
| *George* | **It was such a little thing that I didn't think it mattered.** | Era tan poca cosa. Creí que no tenía importancia. |
| *Policeman* | **It does matter. Now, can you tell me what happened?** | Tiene importancia. Bueno, ¿puede decirme qué pasó? |
| *George* | **It was rush hour. Lots of traffic. I'd been driving so slowly for so long that when a space opened in front of me, I didn't accelerate. The car behind me did, and he bumped into me. I didn't mind, because it didn't do any damage. It did some damage to him.** | Era hora punta, mucho tráfico. Había conducido tan despacio durante tanto rato que cuando ví un espacio enfrente de mí no aceleré. El coche de detrás sí lo hizo, y me golpeó. No le dí importancia porque no hizo ningún daño. Se hizo daño a él mismo. |
| *Policeman* | **You stopped?** | ¿Vd. paró? |
| *George* | **Yes. We exchanged names and addresses.** | Sí. Intercambiamos nombres y direcciones. |
| *Policeman* | **You realize it is an offence not to report an accident?** | ¿Se dá cuenta de que es delito no denunciar un accidente? |

# 169 be -ing

La forma **be -ing** de los verbos **(I've been thinking, he was working, they're waiting)** se usan mucho y es más fácil recordarlo si piensa en el gerundio español. Después de todo, se debe tener una forma de distinguir entre **Have you smoked?** (¿Has fumado alguna vez?) y **Have you been smoking?** (¿Has estado fumando?); o, **You're being stupid** (Estás siendo estúpido) y **You're stupid** (Eres estúpido). No obstante, hay ocasiones donde el inglés no permite expresar que una situación es temporal (ni siquiera se puede usar **-ing** para el futuro; se debe usar **will** ). Siguiendo este patrón nos encontramos que en inglés no se puede expresar verbos de posesión en situación temporal, aunque sean temporales, o usar **be -ing** en ningún contexto.

| | |
|---|---|
| **He has two cars at the moment.** | En este momento tiene dos coches. |
| **The Church owns all this land.** | La Iglesia posee todas estas tierras. |
| **I'll have a hundred dollars on pay-day.** | El dia de pago tendré cien dólares. |

**Have** no siempre determina posesion. **She's having a bath** (Se está bañando), **She's having a baby** (Va a dar a luz un bebé). En estas frases es posible la forma **-ing** aunque no determinan posesión. En inglés no se admite la forma **be -ing** en frases que expresan gustos o disgustos, aunque sea temporalmente.

| | |
|---|---|
| **I liked him at first.** | El me gustó a primera vista. |
| **Do you prefer Mozart to Brahms?** | ¿Prefieres Mozart a Brahms? |
| **I don't mind.** | No me importa. |
| **He loves his children.** | El ama a sus hijos. |
| **I hate hamburgers.** [JHEIT] | Oido las hamburguesas. |
| **Do you want a glass of beer?** | ¿Quieres un vaso de cerveza? |

Verbos como **know** o **understand, think** o **remember** no rigen **-ing**:

| | |
|---|---|
| **I think I understand it at the moment.** | Creo que lo entiendo ahora. |
| **You'll forget.** | Te olvidarás. |
| **I believed him, at the time.** | Le creí entónces. |
| **Do you remember his name?** | ¿Recuerdas su nombre? |
| **What do you mean?** | ¿Qué quieres decir? |
| **I suppose it's all right.** | Supongo que está bien. |

A veces se puede emplear **think** o **remember** para expresar una actividad en vez de un estado mental: **What are you thinking about?** (¿En que piensas?), **I was remembering the old days** (Recordaba los viejos tiempos), lo cual no es lo mismo que **I think, I remember**. Por último, verbos de percepción puramente pasiva no rigen las formas con **-ing**.

| | |
|---|---|
| **Tell me what you see.** | Díme lo que ves. |

| | |
|---|---|
| **Do you hear that?** | ¿Oyes éso? |
| **I don't recognize her.** [REKeGNAIZ] | No la reconozco. |
| **Do you notice anything different?** | ¿Notas algo diferente? |
| **That sounds sensible.** | Eso suena sensato. |
| **You don't seem very happy.** [SIM] | No pareces muy contento. |
| **You look like an idiot in that hat.** | Paraces un idiota con ese sombrero. |

Ya ha visto **I'm seeing the doctor tomorrow** (Voy a ver al médico mañana), que es, por supuesto, un *see* muy diferente. **He's looking well** (Tiene buen aspecto) es por tanto menos diferente.

## Ejercicio 168

*Complete, usando bien el presente de indicativo o* **be -ing***:*

1 **Where ... (you, sleep) tonight? Because I ... (have) a spare bed. My parents ... (visit) friends this weekend.**
¿Dónde duermes esta noche? Tengo una cama libre. Mis padres van va visitar a unos amigos este fin de semana.

2 **We ... (have) lamb for dinner tonight. I ... (not, like) eating lamb any more. At this time of year you ... (see) lots of them. They ... (look) so happy playing in the fields, but you (know) they ... (get) fat for the table. It ... (not, seem) right to eat them. On the other hand, I ... (begin) to feel hungry.**
Esta noche tenemos cordero para cenar. Ya no me gusta el cordero. En esta época del año se ven muchos. Parecen tan contentos jugando en los campos, pero sabes que los estan engordando para la mesa. No tiene lógica comerlos. Por otra parte empiezo a tener hambre.

3 **Your father ... (watch) TV. I ... (not, understand) why. They ... (show) some football and he ... (hate) the game.**
Tu padre está viendo la tele. No comprendo porqué. Ponen futbol y odia el juego.

## CONVERSACION

| | | |
|---|---|---|
| *Malcolm* | **Do you know what you're doing this weekend?** | ¿Sabes lo que vas a hacer este fin de semana? |
| *Ray* | **I think we're visiting family.** | Creo que vamos a visitar a la familia. |
| *Malcolm* | **I hate visiting family.** | Odio visitar a la familia. |
| *Ray* | **I don't have a choice. Why?** | No tengo mas remedio. ¿Porqué? |
| *Malcolm* | **I'm thinking of organizing a game.** | Estoy pensando organizar un partido. |
| *Ray* | **That sounds more interesting.** | Eso suena mas interesante. |

## 170 by

**I'll ring you by Friday.** [BAI]  Te llamaré a mas tardar el viernes.
**He'll be back by four.**  Volverá antes de las cuatro.

Compare **He'll be back at four** (Volverá a las cuatro 'en punto'). **By**
expresa 'precisamente' en ese momento o antes. Compare también **not
until: He won't be back till after four** (No volverá hasta después de las
cuatro).

**Ejercicio 169**

*Complete con* **by** *o* **till**:
1  He works hard. He's at work ... seven in the morning.
2  He works hard. He's at work ... ten every evening.
3  You'll be an old man ... that time.
4  It's closed for lunch. It won't open again ... two.
5  Lunch is at one. Try and arrive ... twelve thirty.
6  He left an hour ago. He'll be miles away ... now.

## 171 at all

**I'm not at all surprised.**  No me sorprende en absoluto.
**Thanks. Not at all.**  Gracias. De nada.

**At all** acentúa una negación y su lugar es inmediatamente después de la
palabra que acentúa: **No one at all believes me** (Nadie en absoluto me
cree).

**Ejercicio 170**

*Acentúe estas frases añadiendo* **at all** *donde corresponda:*
1  I don't mind.  No me importa en absoluto.
2  The police did nothing about it.
3  It wasn't pleasant.
4  Nobody was interested.
5  In no time the place was empty.
6  I've got no money till pay-day.

## 172 anyway, still, otherwise

**They're cousins or something.**  Son primos o algo así. De todas
**Anyway, they're related.** [ENIUEI]  formas son parientes.
**The lunch was terrible. Still, it was**  La comida era horrible. Sin
**free.**  embargo era gratis.

| | |
|---|---|
| **I must go now. Otherwise I'll miss my bus.** [ADHerUAIS] | Me tengo que ir ahora. De otra forma perderé mi autobus. |

**Ejercicio 171**

*Complete:*

| | | |
|---|---|---|
| 1 | **I think his name was Jones. I can't remember. ..., he'll ring you.** | Creo que se llamaba Jones. No me acuerdo. De todas formas te llamará. |
| 2 | **Take a jersey ... you'll get cold.** | Llévate un jersey. De otra forma tendrás frio. |
| 3 | **He's a fool. ..., he's my brother, and I have to help him.** | Es un idiota. Sin embargo es mi hermano y debo ayudarle. |
| 4 | **Ring me if you need anything. ..., I'll see you next week.** | Llámame si necesitas algo. De todas formas te veré la semana que viene. |
| 5 | **It was a long flight. ..., I didn't mind. I was quite comfortable.** | Era un vuelo largo. No obstante no me importó, estaba muy cómodo. |

## CONVERSACION

| | | |
|---|---|---|
| *James* | **I have an appointment to see your husband today, at 11 a.m.** | Tengo una cita para ver a su marido hoy a las 11. |
| *Mrs Keith* | **Yes?** | ¿Sí? |
| *James* | **My name's Hall. James Hall. Anyway, I can't come today.** | Mi nombre es Hall. James Hall. No obstante no puedo venir hoy. |
| *Mrs Keith* | **I see.** | Ya veo. |
| *James* | **I'll be away for a few days.** | Me voy de viaje unos dias. |
| *Mrs Keith* | **I'm not sure when he'll be free next week.** | No estoy segura cuando estará libre la semana que viene. |
| *James* | **I'm sorry to bother you.** | Siento molestarla. |
| *Mrs Keith* | **It's no trouble at all.** | No es molestia en absoluto. |
| *James* | **Well, perhaps he can ring me. Otherwise, I'll contact him by Thursday, at the latest.** | Bueno, quizás puede llamarme. De otro modo, le llamaré antes del jueves, a mas tardar. |
| *Mrs Keith* | **I'll give him the message.** | Le daré el mensaje. |
| *James* | **Thank you very much.** | Muchas gracias. |
| *Mrs Keith* | **Not at all.** | De nada. |

## 173 Preposiciones

| | | |
|---|---|---|
| against | To fight against poverty. | Luchar contra la pobreza. |
| ['GENST] | Put it against the wall. | Ponerlo contra la pared. |
| between | Between 12 and 2 o'clock. | Entre 12 y 2 en punto. |
| beyond | It's twelve miles beyond San Juan. | Es doce millas mas allá de San Juan. |
| | That's beyond my comprehension. | Es mas allá de mi comprensión. |
| opposite | He was sitting opposite me. | Estaba sentado frente a mí. |
| | She thinks exactly the opposite. | Piensa exactamente lo contrario. |
| without | Coffee without cream. | Café sin leche. |
| | He left without saying anything. | Se marchó sin decir nada. |

### Ejercicio 172

*Complete, usando una de las preposiciones anteriores.*
1 He left his wife ... any money.
2 I live ... a garage.
3 I live ... a garage and a parking lot.
4 I don't support that party. I voted ... them.
5 He was kicking a football ... the wall.
6 It's a short distance ... the roundabout.

## 174 had been -ed

| | |
|---|---|
| He'd already been arrested once. | Ya le habían arrestado una vez. |
| It hadn't been explained to her. | No se lo habían explicado. |

Para estar completos, aqui se presenta la forma pasiva de **had -ed.** Como se puede ver no hay sorpresas. En teoría, también hay una forma **been being done: It has been being done** (Se ha estado haciendo) y **It had been being done** (Se había estado haciendo), pero en la práctica raramente se usa y puede pasar muchos años hablando inglés y no se encontrará con élla.

### Ejercicio 173

*Complete, usando* **had been.**

| | |
|---|---|
| 1 I thought you ... (tell). | Pensé que se lo habían dicho. |
| 2 He ... (not, invite). | No se le había invitado. |
| 3 The poor man ... (murder). | Al pobre le habían asesinado. |
| 4 Why ... (lights, leave) on? | ¿Porqué habías dejado las luces puestas? |

5 **I wouldn't mind, if it ... (repair) properly.**

No me importaría, si lo hubieran arreglado bien.

## 175 Respuestas cortas

**You saw him. I didn't.**
Le viste. No, no le ví.

**She'll be there. She won't.**
Ella estará alli. No, no estará.

**He'd like a cup of tea. He wouldn't.**
Le apetecería una taza de té. No, no le apetecería.

Esta es una forma muy común de corregir o negar lo que el interlocutor dice. Usa la forma gramática de la oración anterior, y de esta forma es parecido a la partícula (ver sección 119).

### Ejercicio 174

*Niegue o corrija estas frases con una respuesta corta:*

1 **He's been waiting since nine o'clock.**   No, no es cierto.
2 **He's sitting outside.**
3 **There'll be trouble.**
4 **She likes Chinese food.**
5 **She can speak Chinese.**
6 **The day before had been very hot.**
7 **Shakespeare was a famous painter.**
8 **He painted many famous pictures.**

### CONVERSACION

| | | |
|---|---|---|
| *Chris* | **It was great. I would say there were between 50 and 100 people there.** | Estuvo bien. Yo diría que había entre 50 y 100 personas allí. |
| *Annette* | **Good.** | Muy bien. |
| *Chris* | **And you've never seen so much to eat and drink.** | Y nunca has visto tanto de comer y beber. |
| *Annette* | **Well, I hope you had a great time without me.** | Bueno, espero que lo hayas pasado muy bien sin mí. |
| *Chris* | **It's not my fault. I thought you'd been invited.** | No es mi culpa. Creí que te habían invitado. |
| *Annette* | **Well, I hadn't. I stayed at home and washed my hair.** | Bueno, pues no. Me quedé en casa y me lave la cabeza. |
| *Chris* | **You didn't. You went to your brother's.** | No es cierto. Fuíste a casa de tu hermano. |
| *Annette* | **That's just as bad.** | Es igual de malo. |
| *Chris* | **Still, you'll be invited the next time.** | De todos modos, te invitarán la próxima vez. |

# Lección 12

## 176 to, in order to, so as to (a fin de)

| | |
|---|---|
| **I went out (in order) to buy a battery.** [iN ORDer] | Salí a fin de comprar un batería. |
| **He came early (so as) to get a good seat.** | Vino pronto a fin de encontrar un buen asiento. |
| **We talked quietly, so as not to wake the baby.** | Hablábamos bajo para no despertar al bebé. |

En estos casos **to** tiene otro significado, por ejemplo **I've got nothing to wear** (No tengo nada que ponerme), **There's no time to lose** (No hay tiempo que perder). Aquí expresa un propósito. **In order** o **so as** lo expresan con más claridad, aunque se pueden omitir si asi lo desea. En una negación **so as** se usa con más frecuencia: **so as not to** (a fin de no).

### Ejercicio 175

*Explique estas frases en una forma mas reducida, usando* **to***:*

| | | |
|---|---|---|
| 1 | **She bought her a drink with the aim of meeting her new boyfriend.** | La invitó a una copa para conocer a su nuevo novio. |
| 2 | **You go to school. The idea is to learn something.** | Vas al colegio para aprender algo. |
| 3 | **He didn't do it with the intention of causing trouble.** | No lo hizo con mala intención. |
| 4 | **I'm saving, because I have the intention of buying a car.** | Estoy ahorrando para comprarme un coche. |

## 177 so that

**To** es suficiente para expresar un fín con el mismo sujeto, pero si hay un nuevo sujeto se usa **so**, o **so that**, o, en orden reverso, **in case**. Tome nota de los verbos que siguen:

| | |
|---|---|
| **I'll hide it so (that) your mother doesn't see it.** | Lo esconderé para que tu madre no lo vea. |
| **We spoke quietly, so (that) the noise wouldn't wake the baby.** | Hablábamos bajo para que el ruido no despertase al bebé. |
| **Bring your camera, in case we see some animals.** | Trae tu cámara, por si vemos algunos animales. |

150

## Ejercicio 176

*Traduzca:*

1 **Bring it here so we can all have a laugh.** (bring – traer; **have a laugh –** reir)
2 **I changed it so that the boss wouldn't notice.** (notice – notar)
3 **In case you're wondering, she's my niece.** (wonder – preguntarse)
4 **Open a window, so that we don't suffocate.** (window – ventana)
5 **The TV's on so that he can watch the news.** (on – puesta; **watch –** ver)
6 **The army are on alert in case there's an emergency.**

# 178 Formas cortas

| | |
|---|---|
| **Work? I didn't want to.** | ¿Trabajar? Yo no quería. |
| **Today? I don't think so.** | ¿Hoy? No creo. |
| **Will there be trouble? I hope not.** | ¿Habrá problema? Espero que no. |

**To** es una forma mas corta de decir **to do/be**, etc. De esta forma, **I didn't want to work. So** o **not** representan una claúsula entera: **I don't think that it will be today, I hope that there won't be trouble.**

## Ejercicio 177

*Complete con* **to, so** *o* **it:**

1 **There's one cake here. Would you like ...?** (cake – tarta)
2 **You can look at my photos if you like. Would you like ...?**
3 **It's not a question of wanting ...; you have ... .**
4 **He should be out of hospital soon. I hope ... .** (out – fuera)
5 **I saw the movie, and I didn't like ... .**
6 **He'll be here tomorrow. At least, I think ... .**

## CONVERSACION

| | | |
|---|---|---|
| *George* | **I'll get an extra bottle of wine.** | Traeré otra botella de vino. |
| *Annie* | **What for?** | ¿Para qué? |
| *George* | **So that there's enough for Ray and Ellen.** | Para que haya suficiente para Ray y Ellen. |
| *Annie* | **What makes you think they're coming?** | ¿Qué te hace pensar que van a venir? |
| *George* | **You said so.** | Tu lo dijiste. |
| *Annie* | **I didn't. I said they might come.** | Yo no. Dije que quizás vendrían. |
| *George* | **I'll get one in case.** | Traeré una por si acaso. |
| *Annie* | **You don't have to.** | No tienes qué. |
| *George* | **I know. It's just to be safe.** | Ya lo se. Es solo para estar seguro. |

## 179 will have, can have

**You shouldn't have done that.**
[SHUDeNT eV]
**He must have been drunk.**

No deberías haber hecho éso.

Debe haber estado borracho.

Ya que estos verbos anormales no tienen pasado, sólo presente, la solución para usarlos en pasado es usar la forma **have -ed** a la vez: **You shouldn't do it** (No debes hacerlo 'en el presente'), **You shouldn't have done it** (No deberías haberlo hecho 'en el pasado'). Ya y se ha visto esta fómula en el pasado: **You'd have believed me, wouldn't you?** (Me hubieras creido, ¿Verdad?) (vea el final de la seccion 135). Con esta misma fórmula se puede formar el futuro anterior.

**I'll have finished soon.**
**In July, we'll have been here six years.**

Habré terminado pronto.
En Julio habremos estado aqui seis años.

**Can, must, may and might**, empleados en esta forma expresan diferentes grados de posibilidad. Supongamos que ha habido un asesinato, y todas las pruebas caen sobre el marido. **Has he done it?** (¿Lo ha hecho él?).

**He won't have done it.**
**He can't have done it.**

Estas dos frases expresan la idea:
'Creo que no lo ha hecho'

**He may have done it.**
**He might have done it.**
**He could have done it.**

Estas tres expresan duda o posibilidad de que: 'Es posible, no estoy en situación de juzgar'.

**He must have done it.**
**He will have done it.**

Estas dos dan a entender: 'Me sorprendería si no fuera él'.

**Must have** y **can have** solo expresan opinión sobre una posibilidad. Si precisa usar el pasado de **must** en el sentido de deber/tener, ¡mala suerte! no existe. Pero recuerde que existe **have to:**

**The children must be in bed by eight tonight.**
**At their age, I always had to be in bed by eight.**

Los niños deben irse a la cama esta noche hacia las ocho.
A su edad, yo siempre tenía que irme a la cama a las ocho.

Si necesita el pasado de **can** simplemente use **could: I couldn't speak English then** (Entonces no sabía hablar inglés).

Puede ser que se pregunte si merece la pena aprender estas formas tan raras, y quizás diga, 'bueno, puedo usar otras formas como **possible** o **probable** o algo parecido, entonces no tendré que rascarme el cerebro'. Como quiera, pero todo el que habla inglés, de donde sea, usan estos verbos con mucha frecuencia, y merece la pena tener una idea de lo que quieren decir.

**Should have** y **ought to have** expresan un comentario o algo que no ha sucedido. En otras ocasiones, **could** y **might** también pueden expresar crítica, en particular, si al hablar se acentúan:

| | |
|---|---|
| **You ought to have phoned me.** | Deberías haberme llamado. |
| **He should have been more careful.** | Debería haber tenido mas cuidado. |
| **You could have told me.** | Podías habérmelo dicho. |
| **He might have said something.** | Podía haber dicho algo. |

Finalmente, **could have** puede expresar que algo fué posible:

| | |
|---|---|
| **You were lucky. You could have been killed.** | Tuviste suerte. Te podían haber matado. |

### Ejercicio 178

*¿Que quieren decir? Los números 2 y 6 son ambigüos:*

1  **Brazil may have won the World Cup that year.**   (win – ganar; **World Cup** – Copa Mundial)
2  **Spain could have won the World Cup that year.**
3  **His car's not there. He must have left.**   (leave – marcharse)
4  **They'll have finished dinner by eight.**
5  **It was magnificent. You should have seen it.**   (see – ver)
6  **He might have told me her name.**   (tell – decir)
7  **You can't have drunk all that.**   (drink – beber)
8  **He ought to have told his parents.**
9  **You wouldn't have enjoyed it at all.**   (enjoy – disfrutar)

## CONVERSACION

| | | |
|---|---|---|
| *Marilyn* | **Did you phone the repair man?** | ¿Llámaste al mecánico? |
| *Chris* | **No. I've been too busy. Shall I phone when I get back?** | No he estado muy ocupado. ¿Le llamo cuando vuelva? |
| *Marilyn* | **That'll be too late. He'll have left work by then.** | Será demasiado tarde. Para entoncés se habrá marchado. |
| *Chris* | **I should have done it earlier.** | Lo debería haber hecho antes. |
| *Marilyn* | **Yes, you should have.** | Si, lo deberías haber hecho antes. |
| *Chris* | **I would have if I'd had time.** | Lo hubiera hecho si hubiera tenido tiempo. |
| *Marilyn* | **Never mind. Do it tomorrow.** | No importa. Hazlo mañana. |

## 180 as if

| | |
|---|---|
| **He drove as if demented.** | Conducía como loco. |
| **You talk as though you enjoyed it.** | Hablas como si te hubiera gustado. |
| **He looks as if he's had bad news.** | El parece como si hubiera tenido malas noticias. |

A propósito **news** es singular. No se equivoque porque lleva s. Esta palabra no tiene plural: **I have two pieces of news** (Tengo un par de noticias).

**As if** y **as though** dan a entender una manera. En ciertos casos oirá el 'pasado ireal' (ver sección 135): **You talk as if I were your friend.** (Hablas como si fuera tu amigo – pero no lo soy).

### Ejercicio 179

*Traduzca:*
1  It sounds as though he's having trouble.
2  She's asked me to help; as if I had the time.
3  You talk as though you know something about it.   (talk – hablar)
4  It looked as if it was going to rain.   (rain – llover)
5  He spends money as if there was no tomorrow.   (spend – gastar)

## 181 Cartas

**Alan Parsons**   (o **Mr Alan Parsons**, o **Mr A. Parsons**)
**105 Main Street**
**Boston**

Lo mas sencillo es usar primero el nombre y luego el apellido.

**Dear Alan** (Querido Alan) es normal.
**Dear Mr Smith** (Estimado Sr. Smith) es mas repetuoso.
**Dear Sir/Dear Madam** (Muy Sr. mío muy Sra mía) es muy respetuoso.
**Gentlemen** (Señores) se usa en Amércia para empezar las cartas comerciales.
**Darling** (Querido) para aquéllos que tienen el infortunio de tener que escribir a un amante.
**With best wishes** (Con mis mejores deseos).
**Yours** (Suyo).
**Martina Troy** (Martina Troy).

Hay muchas formas de terminar una carta. La forma inglesa (ej: si se escribe con alguien en Nigeria, India o Australia) estas terminaciones siempre parecen correctas:

| | | |
|---|---|---|
| **Dear Sir,** | (carta formal) | **Yours faithfully,** |
| **Dear Mr. X,** | (carta menos formal) | **Yours sincerely,** |
| **Dear George,** | (carta familiar) | **Yours,** |

Con un viejo amigo siempre puede terminar con **Love** o **Love from**. En uso americano (ej: si se corresponde con alguien en Japón o Sud Amércia) siempre terminará con algo como **Sincerely yours** o **Very truly yours**, o **Kindest regards**, o de nuevo **Love**.

## Ejercicio 180

*Complete:*

1) ... Pat,
    Thank 2) ... for your card. It was nice to hear 3) ... you.
    I am writing 4) ... tell you that I will be 5) ... to visit you next month.
    I am looking forward to seeing 6) ... again.
    7) ... from
    Chris

Querida Pat,
    Gracias por tu tarjeta. Me alegraron tus noticias.
    Te escirbo para decirte que podré ir a visitarte el mes que viene.

    Me hace ilusión verte de nuevo.

    Recuerdos de.
    Chris

## CONVERSACION

| | | |
|---|---|---|
| *Charles* | **What's wrong? You look as if you'd eaten something bad.** | ¿Qué pasa? Pareces como si hubieras comido algo malo. |
| *Martin* | **I've just had a letter: 'Dear Martin. Love from Herbert.'** | Acabo de recibir una carta: 'Querido Martin. Recuerdos de Herbert'. |
| *Charles* | **Who's Herbert?** | ¿Quién es Herbert? |
| *Martin* | **Do you want the good news first, or the bad news?** | ¿Quieres las buenas noticias primero, o las malas noticias? |
| *Charles* | **Just tell me.** | Sólo dime. |
| *Martin* | **He's coming to stay here. The good news is that he won't be staying long.** | Viene a estar aqui. Las buenas noticias son que no se quedará mucho tiempo. |
| *Charles* | **It sounds as though this Herbert is something of a pain.** | Suena como si este Herbert fuera un pesado. |
| *Martin* | **You can say that again.** | Tu lo has dicho. |

## 182 you, they, one (impersonales)

| | |
|---|---|
| **You have to admire him.** | Hay que admirarle. |
| **They say it's excellent.** | Dicen que es excelente. |
| **One does one's best.** | Uno hace lo que puede. |

**You** se emplea muy a menudo como impersonal, aunque puede haber equivocaciones ('¿Quién tú? ¿Yo?). **They** quiere decir 'gente a la que hablo' o 'las autoridades'. **One** no es tan frecuente.

## 184 Etica

Les fórmulas de educación y saludo son diferentes en los países de habla inglesa, pero podemos ofrecerle un consejo, especialmente para ocasiones muy formales, donde hay menos variedad. No se recomienda contestar un saludo familiar como: **Hi,** con uno formal como: **Good morning,** o vice versa. Con **Hello** siempre quedará bien. **Goodbye** significa tanto 'adios' como 'hasta la vista'. **See you** es un **goodbye** muy familiar.

Cuando se presenta a alguien simplemente se dice el nombre: **My brother John; My friend Sarah** (Mi hermano John; Mi amiga Sarah). También se puede usar **This is** (Este es): **This is my brother John.** En el trabajo o universidad la mayoría de personas en Inglaterra y Norteamérica usan el nombre primero. **This is John, John Smith, our sales manager** (Este es John, John Smith, nuestro jefe de ventas), se contesta: **Hello, John** y quizás **I'm glad to meet you** (Encantado de conocerte), aunque se esté **glad** o no. **Mr. Smith** es mas formal, y hay ocasiones que requieren tal formalidad, aunque no son fáciles de predecir. Incluso en un club de tennis, si alguien se presenta y dice **My name's Smith,** (Mi nombre es Smith), se le debe llamar **Mr. Smith.** Hay tres equivalentes para las damas: **Mrs, Miss** y **Ms. Mrs.** es para señora y **Miss** para señorita. El movimiento feminista se opone a tal distinción y ha inventado el título **Ms** con letras de los otros dos. Si una mujer firma com **Ms,** espera que se la escriba como **Ms.** De hecho, quizás es mejor dirijirse así a las mujeres en Inglaterra y Norteamérica. No obstante no es muy seguro al hablar. Se dice [MEZ, MZ] pero se puede entender como un comentario personal o político. Es mejor dar su nombre y apellido. Si solo se conoce el apellido, trate con **Mrs.** o **Miss.**

Si quiere dirigirse a una desconocida, puede usar **Madam** (Señora) o **Miss** (Señorita) para uso formal. Si se trata de un niño se puede usar **Young man** o **Young lady** (Jóven, Jovencita). En tiendas u hoteles al cliente se le llama **Sir** (Señor) pero no hay una traducción adecuada para traducir Señor/ra. Si se cruza con alguién en las escaleras y quiere decirle 'Buenos dias señor', en inglés no puede. **Good morning mister** suena mal educado. **Sir** implica 'Vd. es mi superior', que puede sorprenderle. Solo diga **Good morning** o **Hi there** y sonría. Si quiere llamar a un desconocido y decirle 'Señor', no se puede. Trate con **excuse me** (perdón) o ruidos como aclarando la garganta. Nueve de diez veces el desconocido se marchará sin darse cuenta que se han dirigido a él, y la gente alrededor se quedarán encojiéndose de hombros. Desde luego, que si quiere ser grosero puede decir **Hey, you** [HEI] (Oye, tú), **mister** o quizás **fishface** (cara de pez).

Puede dirigirse a estas personas por el nombre de su oficio: **waiter** (camarero), **barman** (barman), **doctor** (doctor), **nurse** (enfermera), **driver** (conductor). Cualquiera que lleve uniforme contestará a la palabra **officer** (oficial).

## Ejercicio 181

*Que diría en estas ocasiones:*
1 Un amigo dice '**This is my boss, George Smith.'**
2 Una mujer se marcha, olvidando su paragüas.
3 Alguien le dice '**Goodbye'**.
4 Necesita al camarero.
5 Quiere presentar a una cliente llamada Sara Bell a su jefe.
6 Quiere dirigirse a un policía.
7 Un vecino le dice '**Good evening'**.

## CONVERSACION

| | | |
|---|---|---|
| *Susan* | **Hi there, Phil. How's life?** | Hola Phil. ¿Que tal? |
| *Philip* | **Oh, Sue, I'm glad you're here. I'd like you to meet a friend of mine. Susan, this is Anne.** | Ah, Sue. Me alegro que estás aquí. Quiero presentarte a una amiga mía. Susan, ésta es Anne. |
| *Susan* | **Hi, Anne. It's nice to meet you. I've heard a lot about you.** | Hola Anne. Encantada de conocerte. He oido hablar mucho de tí. |
| *Anne* | **Nothing bad, I hope.** | Nada malo espero. |
| *Susan* | **No, nothing bad.** | No, nada malo. |
| *Philip* | **Shall I get something to drink?** | ¿Pido algo de beber? |
| *Susan* | **If you can.** | Si puedes. |
| *Anne* | **Yes, you can never get a waiter here. The service is terribly slow.** | Sí, aqui nunca se puede conseguir un camarero. El servicio es muy lento. |
| *Philip* | **I'll try. Excuse me, waiter!** | Intentaré. ¡Oiga, camarero! |

## 184 Más ética

La forma mas corriente de decir 'Salud' en inglés es **Cheers,** y se contesta de la misma manera. (En Inglaterra también se usa esta misma frase para decir 'gracias' y 'Adios'). No existe una forma especial para comenzar una comida como en español 'buen provecho'. La mayoría entenderán **good appetite,** y si, siendo español, así lo usara, se entendería perfectamente. Los ingleses no lo usan ya que piensan que suena cursi (o por si se equivocan), por lo tanto no dicen nada, y simplemente empiezan a comer. A veces en California se dice **Enjoy** (disfruta).

**Congratulations** es la traducción mas apropiada para 'Felicidades'. **Bad luck** es todo lo contratio (Mala suerte): **I passed my test** (He aprobado el exámen) – **Congratulations. I failed my test** (Me han suspendidio) – **Bad luck.** Con algo mas serio se puede decir **I'm sorry to hear that** (Lo siento). La contestación a éstas es **Thanks** (Gracias).

Para demostrar sentimiento, **I'm afraid that** (Me temo que) es muy normal: **I'm afraid he's out** (Me temo que ha salido), no es tan serio como parece. **'fraid not** (temo que no) en el hablar de diario reemplaza a un simple **No: Can you help me? No,** suena muy seco, **'Fraid not** suaviza un poco la negación.

**Happy** delante de cualquier día significa buenos deseos: **Happy Christmas** (Felices Pascuas), **Happy Birthday** (Feliz Cumpleaños), **Happy New Year** (Feliz Año Nuevo) etc.

### Ejercicio 182

*¿Que diría en estas situaciones?*
1 Un amigo le dice **I'm getting married.** (Me voy casar)
2 Ve a un amigo el 24 de Diciembre.
3 Alguien telefonea y pregunta por su amigo, quien no está allí.
4 La cena está a punto de empezar.
5 Un amigo levanta un vaso y dice **'Cheers'** (Salud).
6 Un amigo dice **'I've lost my job'** (Me he quedado sin trabajo).

## 185 need

| | |
|---|---|
| **He needs a wife.** [NIDZ] | Necesita esposa. |
| **He doesn't need to pay.** | No necesita pagar. |
| **He needn't pay.** | |

Cuando está seguido de un complemento directo, como en el primer ejemplo, **need** es un verbo normal: **he needs**, el pasado **he needed**, etc. Cuando está seguido de un verbo, como en los otros dos ejemplos, su forma es un tanto rara. Se puede, si asi se quiere, usar como un verbo especial, como **will** o **can**: asi **Need you ask?** (¿Necesitas preguntar?) o se puede usar como un verbo normal: **Do you need to ask?** El sentido no cambia (tome nota que usa **to** si se usa como verbo normal). De igual forma, las negaciones y preguntas sólamente, en el pasado, se puede decir **You didn't need to give her flowers** (No necesitabas darle flores) o **You needn't have given her flowers**, igual que **shouldn't have**. No obstante, a veces se incluye en la lista de verbos anormales. Para estar completos, hay aún otro verbo **dare** (atreverse), que también se presenta en esta forma: **I daren't tell her** (No me atrevo a decírla) o **I don't dare to tell her**. De nuevo el sentido no cambia. De esta forma la lista de verbos anormales se puede ampliar a doce.

### Ejercicio 183

*Traduzca:*
1  **How dare he say that?**
2  **The car needs a new engine.**
3  **It was perfectly safe. You needn't have worried.**   (worry – preocuparse)
4  **I dare say he knows what he's doing.**
5  **Do you need to make that terrible noise?** (noise – ruido)
6  **All he needs is a good night's rest.**   (rest – descanso)
7  **You needn't explain; he knows how to do it.**   (explain – explicar)

### CONVERSACION

*Carol*  **They'll sing 'Happy Birthday' to old Mrs Hill, and say 'Congratulations' to the person with the biggest flower display. It'll be deadly boring.**
Van a cantar 'Feliz cumpleaños' a la Sra. Hill, y felicitar a la persona con el arreglo floral mas grande. Va a ser muy aburrido.

*Sally*  **I dare say.**
Probablemente.

*Carol*  **Do we have to go?**
¿Tenemos que ir?

*Sally*  **I'm afraid so.**
Me temo que si.

*Carol*  **Can't we miss it?**
¿No podemos perderlo?

*Sally*  **'Fraid not.**
Temo que no.

*Carol*  **You needn't sound so pleased with yourself.**
No tienes que sonar tan contenta contigo misma.

*Sally*  **Pleased? Who's pleased?**
¿Contenta? ¿Quién está contenta?.

*Carol*  **You just want to pay me back.**
Solo quieres pagarme con la misma moneda.

## 186 one, some

| | |
|---|---|
| I haven't got a pen. Have you got one? | No tengo pluma. ¿Tienes tú una? |
| I've made coffee. Would you like some? | He hecho café, ¿Te apetece un poco? |
| You can't have sugar. There isn't any. | No puedes tomar azúcar. No hay nada. |

**Any** a veces reemplaza a **some** en preguntas y negaciones.

### Ejercicio 184

*Complete con* **one, some** *o* **any***:*
1 He had no money, so his parents sent him ... .
2 I'm not sure if you can phone. I don't think they have ... .
3 The dog shouldn't eat sweets. Please don't give him ... .(sweets – caramelos)
4 A hamburger? Yes, I wouldn't mind ... .
5 My English is not good, but I can speak ... .

## 187 though, although, even though

| | |
|---|---|
| I like him although he's my boss. [eLDHOU] | Aunque sea mi jefe, me gusta. |
| I like him (even) though he's my boss. | |

Aquí no hay problemas, no hay verbos raros ni nada parecido. Las tres formas **though, although** y **even though** quieren decir lo mismo y se usan de igual modo. La diferencia podría encontrarse al principio de la frase: **Though he's my boss, I like him.**

| | |
|---|---|
| You can't be sure, however much you pay. [DJAUEVer] | No puedes estar seguro, no importa el precio que pagues. |

Esto implica lo mismo que **even though you pay a lot** (aunque pagues mucho). Si parece raro no usar el subjuntivo de **pay,** se puede añadir **may: however much you may pay.**

### Ejercicio 185

*Simplifique estas frases con* **although, however,** *etc:*
1 He can still ski. He's not as good as he used to be.
2 He was a rich man then. He didn't forget his friends.
3 I'll try to help. I don't know much about it.

4  **She was really quite badly hurt. It was only a small accident.**
5  **I try hard. I can't understand it.**
6  **It still works well. It may be old.**

## 188 El verbo inglés

Las diferentes formas del verbo en inglés causan problemas a algunos
principiantes, por ésto quizás debemos hacer un resumen.

| PRESENTE | | PASADO | |
|---|---|---|---|
| **I work** | **I have worked** | **I worked** | **I had worked** |
| **I am working** | **I have been working** | **I was working** | **I had been working** |

Al leer de izquierda a derecha se ve, el presente de indicativo, el pretérito
perfecto, el pretérito indefinido y por último el pluscuamperfecto (lo había
hecho). Estos cuatro tiempos simplemente expresan la acción, pero no
explican cuanto tardó, o si continuaba a través de otra acción. El primero y
tercero, presente e indefinido, precisan de **do, does** o **did** para formar las
interrogaciones o negaciones. Esto se puede comprobar: el presente en la
Sección 9, la forma **have** en la Sección 78, el pasado en la Sección 44, y
**had** en la Sección 117.

En la segunda línea cada uno tiene una forma **be -ing,** la cual en cada caso
le hará pensar en la acción que se desarrolla, en vez de simplemente la
acción misma. Fíjese en las secciones 27, 109, 138 y 168 si quiere repasar lo
aprendido.

Estos son todos los tiempos del verbo inglés. Nunca encontrará otros
tiempos en inglés, aunque los busque. (Desde luego que puede haber un
pasado para cada uno: 'está hecho', 'se hizo', etc. pero éste tiene un sentido
idéntico).

Si necesita un futuro o condicional, se construye, normalmente con un
verbo especial como **will** o **would.** El patrón a seguir es el siguiente:

| | |
|---|---|
| **I X work.** | **I X have worked.** |
| **I X be working.** | **I X have been working.** |

**X** representa **will, can, would** o cualquier otro verbo especial. En cada caso
hay un presente de indicativo y pasado, lo cuales simplemente expresan la
acción; y hay una versión **be -ing** de cada uno, la cual atrae la atención a la
acción en proceso.

En realidad el inglés no es difícil, ¿Verdad?

# Lecturas

La literatura inglesa es una de las joyas de la civilización europea. Los pasajes que hemos seleccionado para su lectura son todos de una excelente calidad. Notará que de repente ya puede entender párrafos enteros de estos extractos. Esfuércese en comprenderlos sin recurrir a traducirlos con demasiada frecuencia para así apreciar mejor el estilo de los maestros de la lengua inglesa.

## Monsignor Quixote

Debemos este primer texto a un escritor contemporáneo de gran talento. Se trata de las primeras líneas del romance *Monsignor Quixote*, de Graham Greene.

It happened this way. Father Quixote had ordered his solitary lunch from his housekeeper and set off to buy wine at a local co-operative eight kilometres away from El Toboso on the main road to Valencia. It was a day when the heat stood and quivered on the dry fields, and there was no air conditioning in his little Seat 600 which he had bought, already second hand, eight years before. As he drove, he thought sadly of the day when he would have to find a new car. A dog's years can be multiplied by seven to equal a man's, and by that calculation his car would still be in early middle age, but he noticed how already his parishioners began to regard his Seat as almost senile. 'You can't trust it, Don Quixote,' they would warn him and he could only reply, 'It has been with me through many bad days, and I pray God that it may survive me.' So many of his prayers had remained unanswered that he had hopes that this one prayer of his had lodged all the time like wax in the Eternal ear.

He could see where the main road lay by reason of the small dust puffs raised by passing cars. As he drove he worried about the fate of the Seat which he called in memory of his ancestor 'my Rocinante'. He couldn't bear the thought of his little car rusting on a scrap heap. He had sometimes thought of buying a small plot of land and leaving it as an inheritance to one of his parishioners on condition that a sheltered corner be reserved for his car to rest in ... Thinking of all this for the hundredth time he nearly ran into a stationary black Mercedes which was parked round the corner on the main road. He assumed that the dark-clothed figure at the wheel was taking a rest on the long drive from Valencia to Madrid, and he went on to buy his jar of wine at the collective without pausing; it was only as he returned that he became aware of a white Roman collar, like a handkerchief signalling distress. How on earth, he wondered, could one of his brother priests afford a Mercedes? But when he drew up he noticed a purple bib below the collar which denoted at least a monsignor, if not a bishop.

Father Quixote had reason to be afraid of bishops; he was well aware how much his own bishop, who regarded him in spite of his distinguished ancestry as little better than a peasant, disliked him. 'How can he be descended from a fictional character?' he had demanded in a private conversation which had promptly been reported to Father Quixote.

The man to whom the bishop had spoken asked with surprise, 'A *fictional* character?'

'A character in a novel by an overrated writer called Cervantes – a novel moreover with many disgusting passages which in the days of the Generalissimo would not even have passed the censor.'

'But, Your Excellency, you can see the house of Dulcinea in El Toboso. There it is marked on a plaque; the house of Dulcinea.'

'A trap for tourists. Why,' the bishop went on with asperity, 'Quixote is not even a Spanish patronymic. Cervantes himself says the surname was probably Quixada or Quesada or even Quexana, and on his deathbed Quixote calls himself Quixano.'

'I can see that you have read the book then, Your Excellency.'

'I have never got beyond the first chapter. Although of course I have glanced at the last. My usual habit with novels.'

(Graham Greene, *Monsignor Quixote*, first published by The Bodley Head, 1982).

## Monseñor Quijote (traducción)

Sucedió así. Padre Quijote había pedido a su cocinera el almuerzo para él sólo y fué a comprar vino a una cooperativa, a ocho kilómetros del Toboso, en la carretera general de Valencia. Era un día de sol penetrante cuando el aire temblaba en los campos secos, y no tenía aire acondicionado en su pequeño Seat 600, el cual había comprado, ya de segunda mano, hacía ocho años. Cuando conducía, pensó con tristeza en el día en que turviera que cambiar de coche. La edad del perro se puede multiplicar por siete para igualar la edad del hombre, y por este cálculo a su coche aún le quedaban algunos años para jubilarse, pero notaba cómo algunos parroquianos empezaban a tratar a su Seat con aire senil. 'no se puede fiar, Don Quijote,' le decían, y él tan sólo respondía, 'Me ha acompañado en tiempos difíciles y pido a Dios que me sobreviva'. Como muchas de sus oraciones no habían sido escuchadas, tenía esperanzas que ésta se hubiera incrustado para siempre en la cera del Oido Eterno.

Se podía ver por donde iba la carretera general, por las pequeñas nubes de polvo que levantaban los coches al pasar. Al conducir pensó qué iba a ser de su Seat, al cual le había bautizado 'mi Rocinante' en memoria de su antecesor. A veces había pensado comprar una parcela de tierra y dejarla como harencia a uno de sus parroquianos, a condición de que le reservase un rincón donde el coche pudiera terminar sus dias... Pensando en todo esto por la centésima vez, casi chocó con un Mercedes negro que estaba parado a la vuelta de la esquina de la carretera general. Pensó que la persona al volante, toda vestida de negro, estaba descansando de su largo viaje de Valencia a Madrid, y fué derecho a comprar su jarra de vino a la cooperativa; fué entonces, al regresar, cuando se dió cuenta del cuello blanco eclesiástico, como un pañuelo blanco en señal de socorro. ¿Cómo demonio, pensó, podía uno de sus hermanos sacerdotes tener un Mercedes? Pero al acercarse se dió cuenta de una pechera púrpura bajo el cuello, lo cual denotaba, por lo menos un monseñor, si nó un obispo.

Padre Quijote tenía razones par temer a los obispos; sabía muy bien qué mal le caía al suyo propio, al que consideraba, a pesar de su linaje, no más que un paleto. '¿Cómo puede ser descendiente de un personaje imaginario?' había preguntado el obispo en una conversación privada, de la que se enteró Padre Quijote con toda rapidez.

La persona con quien hablaba el obispo le preguntó sorprendido, '¿Un personaje *imaginario*?'

'Un personaje de una novela escrita por un escritor encumbrado llamado Cervantes, una novela con tantos pasajes repugnantes que en tiempos del Generalísimo no habrían pasado la censura.

'Pero, Su Excelencia, se puede ver la casa de Dulcinea en El Toboso. Está grabado en una placa; la casa de Dulcinea.'

'Una trampa para turistas. ¿Porqué?', el obispo continuó con aspereza, 'Quijote no es siguiera un patronímico español. El mismo Cervantes dice que el nombre era quizás Quijada o Quesada o incluso Quejana, y en su lecho de muerte el mismo Quijote se llama asimismo Quijano.'

'Entonces Veo que Su Excelencia ha leido el libro.'

'Nunca he pasado del primer capítulo. Aunque desde luego he ojeado el último. Es un hábito que tengo con las novelas.'

(Traducción de Lourdes Reece)

## Tristram Shandy

Durante los años de 1760, Laurence Sterne escribió romances humorísticos, tan esperimentales y modernos que ninguno se publicó hasta el Siglo XX. Estos ahora se han convertido en clásicos. He aquí, para su estímulo, un extracto donde el padre y el tio del pequeño Tristram Shandy hablan de la muerte. La madre les oye.

My mother was going very gingerly in the dark along the passage which led to the parlour, as my uncle Toby pronounced the word 'wife' – It is a shrill, penetrating sound of itself, and they had helped it by leaving the door a little ajar, so that my mother heard enough of it, to imagine herself the subject of the conversation; so laying the edge of her finger across her two lips, holding in her breath, and bending her head a little downwards, with a twist in her neck – (not towards the door, but from it, by which means her ear was brought to the chink) – she listened with all her powers ...

Tell me, Madam, in what street does the lady live, who would not have done the same?

From the strange mode of Cornelius's death, my father had made a transition to that of Socrates, and was giving my uncle Toby an abstract of his pleading before his judges. It was irresistible – not the oration of Socrates, but my father's temptation to it – he had written the Life of Socrates himself the year before he left off trade ... 'That we and our children were born to die, but neither of us born to be slaves.' No. There I mistake. That was part of Eleazar's oration. Eleazar owns he had it from the philosophers of India. In all likelihood Alexander the Great, in his irruption into India, after he had overrun Persia, amongst the many things he stole, stole that sentiment also; by which means it was carried, if not all the way by himself (for we all know he died at Babylon) at least by some of his marauders, into Greece. From Greece it got to Rome; from Rome to France; and from France to England. So things come round.

By land carriage I can conceive no other way.

By water the sentiment might easily have come down the Ganges into the Sinus Gangeticus or Bay of Bengal, and so into the Indian Sea; and following the course of trade, might be carried with other drugs and spices up the Red Sea to Jeddah. Bless me! What a trade was driven by the learned in those days!

Now my father had a way, a little like that of Job's (in case there ever was such a man – if not, there's an end of the matter.

Though, by the bye, because your learned men find some difficulty in fixing the precise era in which so great a man lived – whether before or after the patriarchs, etc. – to vote, therefore, that he had never lived *at all*, is a little cruel) – My father, I say, had a way, when things went extremely wrong with him, of wondering why he was alive; wishing himself dead; sometimes worse. And when the provocation ran high – Sir, you scarce could have distinguished him from Socrates himself. He plunged into that part of the pleading where the great philosopher reckons up his connections, his alliances, and children. 'I have friends – I have relations – I have three desolate children,' says Socrates.

'Then,' cried my mother, opening the door, 'you have one more, Mr Shandy, than I know of.'

'They are Socrates's children,' said my uncle Toby.

'He has been dead a hundred years,' replied my mother.

My uncle Toby was no chronologer, so not caring to advance on unsafe ground, he laid down his pipe deliberately upon the table.

(Laurence Sterne, *The Life and Opinions of Tristram Shandy*)

## Tristram Shandy (traducción)

Mi madre iba muy cautelosa en la oscuridad del pasillo que conduce a la sala cuando mi tio Toby pronunció la palabra 'esposa', es un sonido agudo y penetrante en sí mismo y el haber dejado la puerta entreabierta ayudó a que mi madre oyera suficiente de ello y se imaginara la protagonista de la conversación; entonces poniéndose el dedo entre los labios para mantener la respiración y agachando un poco la cabeza torciendo el cuello, (no hacia la puerta, sino alejándose de élla y acercando su oido a ésta) escuchó con todas sus fuerzas.

Dígame, Señora, ¿en que calle vive la dama que no hubiera hecho lo mismo?

Por la extraña manera de morir Cornelio, mi padre hizo una transición a la de Sócrates, y le estaba dando a mi tio Toby un abstracto de la petición de éste ante los jueces. Era irresistible, no la declamación de Sócrates, sino la tentación de mi padre a hacerlo – el año anterior de abandonar mi padre los negocios había escrito él mismo la Vida de Sócrates... 'Que nosotros y nuestros hijos hemos nacido para morir, pero ninguno de nosotros para ser esclavos.' No. Ahí me equivoco. Eso era parte de la declamación de Eleazar. Eleazar dice que lo heredó de los filósofos de la India. Todo parece indicar que Alejandro el Grande, en su invasión de la India, tras haber sometido a Persia, entre las cosas que robó, robó tambien ese sentimiento, el cual fué llevado, si no todo el camino por él mismo (ya que sabemos que murió en Babilonia) al menos por alguno de sus merodeadores, a Grecia. Desde Grecia llegó a Roma; desde Roma a Francia y desde Francia a Inglaterra. Y así por todo el mundo.

Por via terrestre, no puedo concebir otra forma.

Por agua el sentimiento podría fácilmente haber venido por el Ganges a desembocar al Sinus Gangeticus, o Golfo de Bengala, y así al Mar Indico; y siguiendo la ruta del comercio, se podría haber llevado con otras drogas y especies por el Mar Rojo hasta Jida. ¡Dios me bendiga! Qué comercio hacían los entendidos en aquellos tiempos.

Ahora mi padre tenía una manera, como la de Job (en caso de que haya existido alguna vez tal hombre; si no, se acaba la discusión).

A propósito, yo diría que sus sabios tienen dificultad en fijar la época exacta cuando vivió un hombre de tal magnitud – si fué antes o después de los patriarcas, etc. – decir, no obstante, que nunca vivió *en absoluto*, es un poco cruel) – Mi padre, me atrevo a decir, tenía una manía de pensar, cuando las cosas le iban del todo mal, ¿porqué estaba vivo? deseando estar muerto; a veces peor. Y cuando la provacación era extrema, Señor, apenas podría haberle distinguido del mismo Sócrates. Se hundió en esa parte de la súplica donde el gran filósofo cree tener sus conexiones, sus alianzas e hijos. 'Tengo amigos – tengo parientes – tengo tres hijos desolados,' dice Sócrates.

'Entonces,' gritó mi madre, abriendo la puerta, 'tiene uno más, Sr. Shandy, que yo sepa.'

'Son hijos de Sócrates,' dijo mi tio Toby.

'Hace cién años que murió,' contestó mi madre.
Mi tio Toby no era un cronólogo, sin querer pisar terreno falso, dejó su pipa deliberadamente sobre la mesa.

(Traducción de Lourdes Reece)

## Nostromo

Joseph Conrad, polaco, llegó a Francia cuando aún era un muchacho, después se enlistó como marinero en un barco inglés. Tuvo que aprender inglés y más tarde empezó a escribir historias de aventuras, que se desarrollaban en los lugares exóticos que había descubierto durante sus peregrinaciones como marinero. Como muchos ótros, sólo escribía en su lengua materna, aunque dominaba perfectamente el inglés. La profundidad de sus historias y el poder formidable de su estilo ponen a Conrad entre los más grandes romanceros. He aquí un extracto de su excelente romance, *Nostromo*.

The main attack on the railway yards, on the O.S.N. offices, and especially on the Customs House, whose strong room, it was well known, contained a large treasure in silver ingots, failed completely. Even the little hotel kept by old Giorgio, standing alone halfway between the harbour and the town, escaped looting and destruction, not by a miracle, but because with the safes in view they had neglected it at first, and afterwards found no leisure to stop. Nostromo, with his Cargadores, was pressing them too hard then.

It might have been said that he was only protecting his own. From the first he had been admitted to live in the intimacy of the family of the hotel-keeper, who was a countryman of his: old Giorgio Viola, a Genoese with a shaggy white leonine head – often called simply 'the Garibaldino' (as Mohammedans are called after their prophet).

The old man, full of scorn for the populace, as your austere republican so often is, had disregarded the preliminary sounds of trouble. He went on that day as usual pottering about the 'casa' in his slippers, muttering angrily to himself his contempt of the non-political nature of the riot, and shrugging his shoulders. In the end he was taken unawares by the out-rush of the rabble. It was too late then to remove his family, and indeed where could he have run to with the portly Signora Teresa and the two little girls on that great plain? So, barricading every opening, the old man sat down sternly in the middle of the darkened café with an old shot-gun on his knees. His wife sat on another chair by his side, muttering pious invocations to all the saints of the calendar.

His two girls, the eldest fourteen, and the other two years younger, crouched on the sanded floor, on each side of Signora Teresa, with their heads on their mother's lap, both scared, but each in her own way, the dark-haired Linda indignant and angry, the fair Giselle, the younger, bewildered and resigned. The Patrona moaned a little louder.

'Oh. Gian' Battista.'

She was not then invoking the saint, but calling upon Nostromo, whose patron he was. And Giorgio, motionless on the chair by her side, would be provoked by these reproachful and distracted appeals.

'Peace, woman. Where's the sense of it? There's his duty,' he murmured in the dark; and she would retort, panting –

'Eh, I have no patience. Duty. What of the woman who has been like a mother to him? I bent my knee to him this morning; don't you go out, Gian' Battista – stop in the house, Battistino – look at those two little innocent children.'

(Joseph Conrad, *Nostromo*)

## Nostromo (traducción)

El principal ataque al arsenal del ferrocarril, en las oficinas de la O.S.N., y especialmente al Edificio de Aduanas, cuya caja fuerte se sabía que contenía un gran tesoro en lingotes de plata, falló completamente. Incluso el pequeño hotel que administraba el viejo Giorgio, aislado entre el puerto y la cuidad se libró del saqueo y destrucción, no por milagro, sino porque con las cajas fuertes en la mente, al principio no se dieron cuentra, y después no quisieron pararse. Nostromo, con sus Cargadores, les seguía de cerca.

Se podía haber dicho que sólo se protegía a si mismo. Al principio había sido admitido para vivir en la intimidad de la familia del administrador del hotel, que era un paisano suyo; el Viejo Giorgio Viola, un Genovés de pelo blanco y rasgos latinos – a menudo llamado 'el Garibaldino' (tal y como se llaman los mahometanos, por su profeta).

El viejo, lleno de odio hacia el populacho, como pasa a menudo con los republicanos intransigentes, no había hecho caso de los primeros avisos de disturbio. Iba como cada día haciendo los quehaceres por la 'casa' en zapatillas, murmurando con rabia y enfadado por la naturaleza apolítica de la manifestación, y engiéndose de hombros. Al final la precipitación de la muchedumbre le cogió desprevenido. Ya era demasiado tarde para llevarse a su familia, y desde luego ¿dónde, en este llanura, podría ir con la corpulenta Señora Teresa y las dos niñas? Por eso, tras barricar cada salida, el viejete se sentó severamente en medio del oscuro café con una vieja escopeta sobre las rodillas. Su mujer se sentó en otra silla a su lado, invocacando piadosamente a todos los santos del calendario.

Sus dos niñas, la mayor catorce, y la otra dos años más joven, se acurrucaron en el suelo arenoso, a cada lado de la Señora Teresa, con las cabezas sobre el regazo de su madre, ambas asustadas pero cada una a su manera, la morena, Linda indignada y enfadada, la rubia, Giselle, la más joven, desconcertada y resignada. La Patrona refunfuñó un poco más alto.

'Oh, Gian' Battista'.

No estaba invocando al santo, sino llamando a Nostromo, de quien era patrón. Y Giorgio, inmóvil sentado a su lado, se enfadaba con estas llamadas reprochantes y sin sentido.

'Paz, mujer. ¿Cual es la razón de todo esto? Ahí está su deber,'
murmuró en la oscuridad; y élla contestó jadeante –

'Eh, no tengo paciencia. Deber. ¿Que pasa con la mujer que ha sido
como una madre para él? Me arrodillé ante él esta mañana; no salgas
fuera, Gian' Battista – quédate en la casa, Battistino – mira esas dos niñas
inocentes.'

(Traducción de Lourdes Reece)

# Apéndice: Verbos irregulares más corrientes

| INFINITIVO | INDEFINIDO | PARTICIPIO PASADO |
|---|---|---|
| **be** ser, estar | **was** | **been** |
| **beat** batir, golpear | **beat** | **beaten** |
| **become** llegar a ser | **became** | **become** |
| **begin** comenzar | **began** | **begun** |
| **bend** doblar | **bent** | **bent** |
| **bite** morder | **bit** | **bitten** |
| **blow** soplar | **blew** | **blown** |
| **break** romper | **broke** | **broken** |
| **bring** traer | **brought** | **brought** |
| **build** construir | **built** | **built** |
| **buy** comprar | **bought** | **bought** |
| **catch** agarrar, atrapar | **caught** | **caught** |
| **choose** escoger | **chose** | **chosen** |
| **come** venir | **came** | **come** |
| **cost** costar | **cost** | **cost** |
| **cut** cortar | **cut** | **cut** |
| **deal** tratar | **dealt** | **dealt** |
| **do** hacer | **did** | **done** |
| **draw** atraer, dibujar | **drew** | **drawn** |
| **drink** beber | **drank** | **drunk** |
| **drive** conducir | **drove** | **driven** |
| **eat** comer | **ate** | **eaten** |
| **fall** caer | **fell** | **fallen** |
| **feel** sentir, palpar | **felt** | **felt** |
| **fight** luchar, combatir | **fought** | **fought** |
| **find** encontrar | **found** | **found** |
| **fly** volar | **flew** | **flown** |
| **freeze** congelar | **froze** | **frozen** |
| **get** conseguir | **got** | **got(ten)** |
| **give** dar | **gave** | **given** |
| **go** ir | **went** | **gone** |
| **grow** crecer | **grew** | **grown** |

| INFINITIVO | INDEFINIDO | PARTICIPIO PASADO |
|---|---|---|
| **have** haber, tener | **had** | **had** |
| **hear** oir | **heard** | **heard** |
| **hide** esconder | **hid** | **hidden** |
| **hit** golpear | **hit** | **hit** |
| **hold** tener | **held** | **held** |
| **hurt** doler | **hurt** | **hurt** |
| **keep** guardar | **kept** | **kept** |
| **know** saber, conocer | **knew** | **known** |
| **leave** irse | **left** | **left** |
| **let** dejar | **let** | **let** |
| **lie** tumbarse | **lay** | **lain** |
| **lose** perder | **lost** | **lost** |
| **make** hacer | **made** | **made** |
| **mean** significar | **meant** | **meant** |
| **meet** encontrar | **met** | **met** |
| **pay** pagar | **paid** | **paid** |
| **put** poner | **put** | **put** |
| **read** [RID] leer | **read** [RED] | **read** [RED] |
| **ride** montar a caballo | **rode** | **rode** |
| **ring** sonar | **rang** | **rung** |
| **rise** levantarse | **rose** | **risen** |
| **run** correr | **ran** | **run** |
| **say** decir | **said** [SED] | **said** |
| **see** ver | **saw** | **seen** |
| **seek** buscar | **sought** | **sought** |
| **sell** vender | **sold** | **sold** |
| **send** enviar | **sent** | **sent** |
| **set** colocar | **set** | **set** |
| **shine** brillar | **shone** | **shone** |
| **shoot** disparar | **shot** | **shot** |
| **shut** cerrar | **shut** | **shut** |
| **sing** cantar | **sang** | **sung** |
| **sit** sentarse | **sat** | **sat** |
| **sleep** dormir | **slept** | **slept** |
| **speak** hablar | **spoke** | **spoken** |
| **spend** gastar, pasar el tiempo | **spent** | **spent** |
| **stand** estar de pie | **stood** | **stood** |
| **steal** robar | **stole** | **stolen** |
| **swear** jurar | **swore** | **swore** |
| **swim** nadar | **swam** | **swum** |
| **take** tomar | **took** | **taken** |
| **teach** enseñar | **taught** | **taught** |
| **tear** desgarrar | **tore** | **torn** |
| **tell** decir | **told** | **told** |
| **think** pensar | **thought** | **thought** |
| **throw** tirar | **threw** | **thrown** |
| **understand** comprender | **understood** | **understood** |
| **wake** depertarse | **woke** | **woken** |
| **wear** llevar puesto | **wore** | **worn** |
| **win** ganar | **won** | **won** |
| **write** escribir | **wrote** | **written** |

# Respuestas a los ejercicios

LECCION 1

**Ejercicio 1:** 1 is   2 are   3 She is   4 is   5 I am   6 You are   7 They are   8 is

**Ejercicio 2:** 1 Is   2 Are they Spanish?   3 Is she Italian?   4 is   5 is not

**Ejercicio 3:** 1 American   2 Spanish   3 He isn't English   4 Are you Spanish? I'm
5 Are they English? they're   6 Is he American? No, he isn't.

**Ejercicio 4:** 1 It's four in the morning.   2 It's four in the afternoon.   3 It's ten in
the evening.   4 It's five in the morning.   5 It's one in the afternoon.   6 It's three in
the morning.   7 It's two in the afternoon.   8 It's nine in the evening.   9 No, it's
five in the morning.   10 Yes, it's eight in the evening.   11 No, it's six in the
afternoon.   12 No, it's seven in the evening.   13 No, it's nine in the morning.

**Ejercicio 5:** 1 Good morning.   2 Good afternoon.   3 Good evening.   4 Good
evening.   5 Good afternoon.   6 No, I'm (Spanish).   7 No, thank you.   8 Yes
please.   9 Hello, how are you?   10 Good night.

**Ejercicio 6:** 1 S   2 SZ   3 SZ   4 S   5 iSZ   6 iSZ

**Ejercicio 7:** 1 You work.   2 They go.   3 She works.   4 We go.   5 I work in the
morning.   6 The bus goes in the afternoon.

**Ejercicio 8:** 1 Vive en un apartamento en Paris.   2 Es sábado. Ella trabaja por la
mañana.   3 Están con una familia inglesa.   4 El autocar viene desde San Antonio.
5 El lunes no es un buen día.   6 Pregúntale a Ramón; él habla inglés.   7 Por favor
ven por la tarde.

**Ejercicio 9:** 1 taxis, men, evenings   2 children, apartments, houses   3 five people:
three men and two women   4 two good friends   5 eight taxis   6 three weeks
7 two beers   8 five days   9 There are seven days in a week.   10 Is there a telephone
in the apartment?   11 Are there children in the house?   12 Is there a good
programme on (the) TV?

**Ejercicio 10:** 1 Tienen dos niños.   2 Trabaja cinco días a la semana en Madrid.
3 Tiene tres o cuatro apartamentos en Italia.   4 Estamos una semana en Atenas y
dos días en el Cairo.   5 El coche tiene cinco puertas.   6 Yo arreglo el jardín.

**Ejercicio 11:** 1 boys, plays, valleys   2 ladies, families, countries   3 women,
children, men   4 Where is she?   5 When are you in London?   6 Where are the
boys?   7 When is the next train?   8 How are the children?   9 What is this?
10 How much are the potatoes?

**Ejercicio 12:** 1 do   2 does   3 do   4 do   5 Does   6 Do   7 does   8 Does she
speak Spanish?   9 When does the bus go?   10 How do you do that?

**Ejercicio 13:** 1 It isn't a very good hotel.   2 He has a big and expensive car.
3 It's good soup, and it's hot.   4 It's small but very expensive.   5 The lunch is cold
but not bad.

**Ejercicio 14:** 1 No es bueno para ti.   2 ¿Les conoces?; ellos te conocen.   3 Ella es
muy célebre. Tu la conoces.   4 Es una buena bebida; me gusta.   5 Pregúntale a él o
a mi.   6 Hay un mensaje para ti.

172

**Ejercicio 15:** 1 doesn't  2 don't  3 doesn't  4 don't  5 Don't  6 don't
7 doesn't stop  8 It doesn't cost five dollars; it costs eight or ten.  9 Don't
come  10 I'm not Italian; I don't speak Italian.

**Ejercicio 16:** 1 small  2 of  3 are  4 good  5 don't  6 go  7 big  8 don't


LECCION 2

**Ejercicio 17:** 1 The train goes at eight fifteen.  2 The plane goes at twelve
fifteen.  3 The bus goes at ten thirteen.  4 The train goes at eleven twenty.  5 The
bus goes at thirteen eighteen.  6 The train goes at fourteen fourteen.

**Ejercicio 18:** 1 I'll  2 You won't  3 he'll  4 There'll  5 He won't

**Ejercicio 19:** 1 Buenos días. ¿Desea algo?.  2 Estaré en casa a las once quince.
3  ¿Crees que irás?.  4 Está muy caliente; no puedo beberlo.  5 No costará diez
dólares; costará veinte.  6 No quiero esto; para tí.  7 Seremos doce.  8 No me
gusta el té; tomaré un café.

**Ejercicio 20:** 1 No me gustan estos tomates; cogeré esos.  2 Esta es Catalina; vive
aquí.  3 No comprendo. ¿Qué quiere decir eso?.  4 ¿Cómo dices esto en inglés?.
5 Estos días está muy animado aquí.  6 No vayas por ahí. Ven por aquí.  7 No
estaré aquí esta tarde.  8 ¿Puedes ayudar a estas dos niñas?.  9 Eso no es correcto.
10 No puedes llegar allí en/por tren.

**Ejercicio 21:** 1 He gets 20 dollars an hour.  2 I'll get you a beer.  3 Don't get
excited.  4 Can you/one get a sandwich here?  5 This town gets very crowded.
6 You can't get to the airport that way.

**Ejercicio 22:** 1 What is your name?  2 My name is not Alfonso.  3 There is
his/her father.  4 It's his/her idea.  5 Give me my coat please.  6 Can you give me
his address?

**Ejercicio 23:** 1 don't  2 an  3 seventeen  4 wants  5 Her  6 won't  7 You're
8 can't

**Ejercicio 24:** 1 often  2 sometimes  3 always  4 never  5 sometimes  6 often
7 never

**Ejercicio 25:** 1 being, going, understanding  2 coming, giving, liking  3 waiting,
costing, wanting  4 stopping, shutting, sitting

**Ejercicio 26:** 1 me  2 I'll  3 of, day  4 goes from  5 Give  6 people  7 with
8 in, house  9 eighteen

**Ejercicio 27:** 1 coming  2 sitting, waiting  3 saying  4 going  5 stopping

**Ejercicio 28:** 1 I'm going  2 I'm not playing  3 Are you working  4 We're doing,
tomorrow  5 She's leaving  6 The train's leaving  7 he's working  8 They're
staying  9 is waiting  10 I'm thinking  11 I'm changing

**Ejercicio 29:** 1 a student  2 father is a doctor  3 being an architect  4 a
policeman

**Ejercicio 30:** 1  El Presidente vive en la Casa Blanca.  2 Ella conduce un coche
rojo.  3 No como plátanos verdes.  4 El lleva una camisa amarilla y marrón.  5 El
tiene ojos azules.  6 Su hermano tiene pelo negro.

**Ejercicio 31:** 1 black  2 brown  3 He's  4 and  5 working  6 evenings  7 He's

**Ejercicio 32:** 1 someone  2 everyone, that  3 want something  4 everything there,
very  5 has some  6 every day  7 lives somewhere  8 It's, everywhere.

**Ejercicio 33:** 1 In  2 At  3 In  4 In  5 At  6 In  7 At  8 on  9 at  10 at,
in  11 In, on  12 on  13 at, on

**Ejercicio 34:** 1 El no sabe mucho. 2 ¿Te gusta eso?; no mucho. 3 Eso cuesta demasiado. 4 Hablo algo de italiano, pero no mucho. 5 Muchas gracias.

**Ejercicio 35:** 1 ¿Cuánto cuestan los verdes?. 2 Los rojos son muy caros. 3 Prefiero los azules grandes. 4 No quiere uno grande; cogeré uno pequeño.

**Ejercicio 36:** 1 El tiene una hermana en América y otra en el Japón. 2 Puedes venir a la misma hora. 3 No quiero ese; cogeré el otro. 4 Tomaré otro café, por favor. 5 Aquí solo hay seis. ¿Dónde están los otros?. 6 Aquí no es lo mismo.

**Ejercicio 37:** 1 I'd like 2 would you like to go 3 wouldn't like to be him 4 Would you like 5 I'd like to be 6 Your father wouldn't like 7 Would your friend like

**Ejercicio 38:** 1 Who's 2 Why are we 3 What's 4 Why is it 5 Who is 6 What are you

LECCION 3

**Ejercicio 39:** 1 was 2 Were 3 was 4 was 5 were 6 was 7 were 8 Were 9 was 10 were

**Ejercicio 40:** 1 sixty-four pesetas 2 fifty-three dollars twenty-five 3 thirty-seven Swiss francs 4 forty-five yen 5 eighty-one pounds 6 twenty-three pounds seventy-five 7 seventy-nine dollars sixty-six 8 ninety-five francs 9 a hundred dollars

**Ejercicio 41:** 1 two hundred (and) ninety-five 2 one thousand nine hundred 3 a hundred (and) ten thousand 4 fifty-five thousand 5 nine hundred (and) ninety-nine 6 eight hundred (and) thirty 7 three million 8 six thousand five hundred

**Ejercicio 42:** 1 Estoy seguro que estaba en tu habitación ayer. 2 Dicen que había más de un millón de personas allí. 3 El dice que cuesta algo más de cuatrocientos dólares. 4 ¿Crees que fué difícil?. 5 No creo que nació en España.

**Ejercicio 43:** 1 out of the house 2 in my room 3 We'll walk around 4 goes through, over 5 under 6 goes through 7 into the town 8 walk over the bridge 9 around 10 over, under

**Ejercicio 44:** 1 finished at 10.30 2 tried to get 3 it was too late 4 stopped a taxi 5 you know what happened? 6 refused to take us

**Ejercicio 45:** 1 Wednesday 2 on Saturday 3 on Tuesday 4 (on) Sunday 5 on Monday

**Ejercicio 46:** 1 ¿Tienes que irte?. 2 Ella no debe llegar tarde. 3 Tu madre no debe saber esto. 4 No debes decírselo.

**Ejercicio 47:** 1 Terminé el trabajo ayer. 2 Trabajé mucho el viernes. 3 Dijo que tenía mucho frío. 4 Le invité a casa. 5 Tomó dos tazas de café. 6 El quería que le ayudara. 7 Fuímos al supermercado.

**Ejercicio 48:** 1 Fuí a Madrid ayer. 2 Hicimos algo de compra. 3 Comíamos en un restaurante. 4 Lo encontré muy agradable. 5 Mi padré pagó todo. 6 El dijo que quería que saliéramos de la casa.

**Ejercicio 49:** 1 didn't come 2 didn't invite 3 didn't know 4 didn't enjoy 5 didn't have 6 didn't think

**Ejercicio 50:** 1 When did the bus arrive? 2 Did he invite you? 3 Did you know her name? 4 Did you enjoy the party? 5 Did your friend have a coat? 6 What did you think about it?

**Ejercicio 51:** 1 I did think of you. 2 I did go to university. 3 I did help him. 4 We did stop at the red light. 5 She did have a sandwich. 6 I did know the answer. 7 He did say it was OK. 8 I did do the washing.

**Ejercicio 52:** 1 Did you put   2 She didn't take   3 I saw, she didn't see   4 ate   5 I got

**Ejercicio 53:** 1 ¿Porqué no te quitas el abrigo?.   2 ¿Puedes poner la calefacción, por favor?.   3 Apaga esa estúpida radio.   4 Me pondré mi mejor traje.   5 Se pusieron los abrigos y se marcharon.   6 Ella apagó todas las luces.

**Ejercicio 54:** 1 did you pay   2 paid you   3 did you put on   4 turns the radio off   5 did you have for lunch   6 happened

## LECCION 4

**Ejercicio 55:** 1 Mañana será el diez.   2 Está en el tercer piso.   3 Ese fué mi primer viaje a los Estados Unidos.   4 Ayer fué lunes cinco de octubre.   5 Ve por la segunda puerta a la derecha.

**Ejercicio 56:** 1 Vayámonos.   2 Digamos mañana por la mañana.   3 Veamos.
4 Subamos al primer autobús.   5 Apeémonos cerca del parque.

**Ejercicio 57:** 1 Let's have lunch.   2 Let's wait here.   3 Let her take a taxi.   4 Let's see, it's Thursday the second.   5 Let's go to the concert.

**Ejercicio 58:** 1 I haven't got a ticket.   2 My friend's got problems.   3 Has he got a visa?   4 They've got a dog.   5 Have you got twenty dollars?

**Ejercicio 59:** 1 Esos son míos.   2 El suyo es el rojo.   3 Todos estos son tuyos.
4 ¿No es tuyo?.   5 No estoy seguro. Creo que es suyo.   6 Dicen que la tierra es suya.

**Ejercicio 60:** 1 ¿De quién son estos?.   2 ¿De quién es ese abrigo?.   3 ¿De quién es el nombre en el documento?.   4 ¿Quién tuvo la culpa?

**Ejercicio 61:** 1 Quién es el hijo de padre? my brother.   2 ¿Quién es el padre de hijo? my husband.   3 ¿Quién es la hermana de tu madre? my aunt.   4 ¿Quién es la hija de tu madre? my sister.   5 ¿Quién es el marido de tu tía? my uncle.   6 Quién es el hermano de tu hija? my son.

**Ejercicio 62:** 1 Martín es el hermano de mi amigo.   2 Iremos a casa de mi padre.
3 El sobrino de mi jefe ha conseguido el empleo.   4 ¿De quién es esto? Creo que es de tu hermana.   5 Su tía cocina de maravilla.   6 La obsesión actual de Paul es el fútbol.

**Ejercicio 63:** 1 El vive en el décimo sexto piso.   2 Llegó en la onceava hora.   3 El llegó el número quince.   4 Mañana es su décimo octavo cumpleaños.   5 Ocho por ciento es una doceava parte.

**Ejercicio 64:** 1 some   2 any   3 some   4 any   5 someone/somebody   6 anything
7 anything   8 anyone/anybody

**Ejercicio 65:** 1 Vivimos en el vigésimo tercer piso.   2 Por la milésimo vez, no.
3 Era el 31 diciembre.   4 Mañana es su vigésimo quinto cumpleaños.   5 Es el centésimo aniversario de la revolución.

**Ejercicio 66:** 1 September the thirtieth/the 30th of September   2 December the twenty-fifth/the 25th of December   3 February the twenth-eighth/the 28th of February   4 August the twenty-first/the 21st of August   5 January the second/the 2nd of January   6 November the twenty-third/the 23rd of November   7 March the eleventh/the 11th of March   8 October the second/the 2nd of October   9 April the twelfth/the 12th of April   10 July the fourteenth/the 14th of July   11 June the twenty-second/the 22nd of June   12 May the nineteenth/the 19th of May

**Ejercicio 67:** 1 Could I see   2 You could   3 He could   4 I couldn't   5 couldn't

**Ejercicio 68:**　1 Los ricos deberían ayudar a los pobres.　2 Mi hermano quizás venga a visitarme.　3 Deberías irte pronto.　4 Quizás haya mucho tráfico.　5 El tren no deberá tardar mucho ya.　6 ¿Cuánto dinero debería darle?.　7 ¿Puedo decir algo?.　8 No deberías preocuparte sobre ello.

**Ejercicio 69:**　1 Eso es demasiado malo.　2 No parecía muy caro.　3 La sopa estaba demasiado caliente para tomar.　4 La playa no está muy lejos de aquí. 5 No lo encontré muy difícil.　6 Llegaron demasiado temprano.

**Ejercicio 70:**　1 much　2 many　3 many　4 much　5 much　6 many　7 much 8 many

**Ejercicio 71:**　1 yesterday afternoon　2 this evening　3 tomorrow night　4 tonight 5 yesterday evening　6 yesterday morning　7 this morning　8 tomorrow morning

**Ejercicio 72:**　1 both　2 Neither　3 both　4 both　5 None　6 both

LECCION 5

**Ejercicio 73:**　1 El es demasiado joven para ese trabajo.　2 El inglés no es un idioma muy difícil.　3 El vino no está mal.　4 El autobús iba muy despacio por las montañas.　5 Por favor ten cuidado.　6 Tuvimos un almuerzo rápido.

**Ejercicio 74:**　1 slowly　2 easily　3 completely　4 badly　5 dangerously quickly　6 Surely

**Ejercicio 75:**　1 Es un problema difícil.　2 El trabaja duro.　3 El habla buen inglés.　4 El habla inglés bien.　5 El mío es un coche rápido.　6 No vayas muy desprisa.

**Ejercicio 76:**　1 ¿Dónde compra un suéter? in a clothes store.　2 ¿Dónde puede cambiar cheques de viajero? at the bank.　3 ¿Dónde puede comprar un billete de avión? at the travel agent's.　4 ¿Dónde va a echar una carta? at the post office.　5 ¿Dónde puede comprar pan? at the baker's.　6 ¿Dónde encuentra cigarrillos? at the newsagent's.

**Ejercicio 77:**　1 Hago la compra una vez a la semana.　2 El telefoneó seis o siete veces.　3 Hay un tren dos veces al día.　4 La encontré una o dos veces.　5 Tómate las pastillas tres veces al día.

**Ejercicio 78:**　1 has broken　2 haven't paid　3 Has he closed　4 haven't invited 5 Have you had　6 hasn't said

**Ejercicio 79:**　1 ¿Has telefoneando a Paul?.　2 Ha comprado un billete sencillo para ir a la India.　3 Quiere ir allí desde hace años.　4 Le dije que sería difícil. 5 No ha conocido pobreza auténtica.　6 Nunca ha sido realmente pobre.　7 No ha tenido ninguna preocupación.　8 Su padre siempre le ha ayudado.

**Ejercicio 80:**　1 nowhere　2 No　3 nothing　4 no　5 No one/Nobody　6 nothing 7 No one/Nobody

**Ejercicio 81:**　1 No tengo que irme ahora; cogeré un taxi.　2 Es un avión de las 9.30, y tiene que estar allí con una hora de antelación.　3 En mi colegio teníamos que hacer gimnasia.　4 El médico dice que debe dejar de fumar.　5 No debes tomarte la vida tan en serio.　6 Tuvimos que trabajar hasta tarde el viernes.　7 Las chicas no tienen que hacer el servicio militar.　8 Tienes que admitir, es muy interesante.　9 Tienes que tener diecisiete años para conducir un coche.

**Ejercicio 82:**　1 works　2 or　3 hard　4 well　5 young　6 be　7 nobody　8 went 9 worked　10 maybe

**Ejercicio 83:**　1 next　2 week　3 last　4 this　5 this year　6 last week

**Ejercicio 84:** 1 She's never been to   2 I've been to   3 I haven't been to   4 have been to   5 Have you been to

**Ejercicio 85:** 1 He's going to   2 are we going to   3 You aren't (are not) going to   4 Are you going to   5 It's going to   6 I'm not going to   7 is going to   8 are they going to

**Ejercicio 86:** 1 for   2 since   3 since   4 for   5 for   6 Since   7 since   8 for

**Ejercicio 87:** 1 ¿Qué tienes encima del cuello? your head.   2 ¿... en los brazos? your hands.   3 ¿... en las piernas? your feet.   4 ¿... encima del pecho? your neck.   5 ¿Con qué andas? your legs.   6 ¿Qué hay bajo tu cuello? your chest.

LECCION 6

**Ejercicio 88:** 1 bigger   2 nicer   3 worse   4 less, more   5 colder   6 further/ farther, better   7 smaller   8 hotter

**Ejercicio 89:** 1 more dangerous   2 happier   3 slower, more attractive   4 better   5 more careful   6 quicker   7 older   8 worse

**Ejercicio 90:** 1 What was the food like?   2 What were the people like?   3 What was the weather like?   4 What were the hotels like?   5 What was the flight like?   6 What were the prices like?

**Ejercicio 91:** 1 herself   2 itself   3 yourself   4 myself   5 ourselves   6 themselves   7 himself   8 yourself

**Ejercicio 92:** 1 Todos quieren hacerse más ricos.   2 No podía dejar de reirme.   3 Debes cuidarte.   4 Es un poco banal. Se repite demasiado.   5 Debemos decidir por nosotros mismos.   6 Se mantiene en muy buena forma.   7 Se ha cortado a si misma.   8 Acomodaos.

**Ejercicio 93:** 1 themselves   2 each other   3 themselves   4 each other   5 each other   6 yourselves

**Ejercicio 94:** 1 Se llevaron al criminal a prisión.   2 Te informarán por la mañana.   3 No se puede esperar que haga eso.   4 La han drogado.   5 Se rompieron tres tazas.   6 Ahora están arreglando el coche.   7 El gobierno se elige para cinco años.

**Ejercicio 95:** 1 as cold as   2 more important to him than   3 richer than   4 as fast as   5 prettier than   6 worse than   7 less expensive than   8 as nice as   9 farther/ further than   10 happier than

**Ejercicio 96:** 1 (c);   2 (a);   3 (b);   4 (g);   5 (d);   6 (e);   7 (f)

**Ejercicio 97:** 1 a cotton dress   2 a headband   3 an office worker   4 a morning train   5 a ham sandwich   6 fish soup   7 a maternity hospital

**Ejercicio 98:** 1 an expensive ham sandwich   2 a small black dress   3 a big plastic bag   4 a small red sports car   5 a pretty little house   6 a good red wine

**Ejercicio 99:** 1 a thirty-minute delay   2 a thousand-peso note   3 a four-door car   4 a five-course dinner   5 a ten-kilometre walk   6 an all-woman group

**Ejercicio 100:** 1 half   2 two thirds   3 half   4 three quarters   5 one and a half   6 a quarter   7 nine tenths   8 tenth

**Ejercicio 101:** 1 at my mother's   2 at the hairdresser's   3 at his friend's   4 at the butcher's   5 at the doctor's   6 at Martina's

LECCION 7

**Ejercicio 102:** 1 won't be able to/can't   2 to be able to   3 couldn't/wasn't able to   4 being able to   5 haven't been able to

**Ejercicio 103:** 1 (that)   2 (that/which)   3 who/that   4 (who/that)   5 who/that
6 that/which   7 which

**Ejercicio 104:** 1 quite/rather a difficult   2 good enough/quite good   3 good
enough   4 quite a big   5 a very big   6 quite/rather a bad   7 a stupid enough
8 a very nice

**Ejercicio 105:** 1 thirty-seven point five degrees   2 twenty kilos/kilograms   3 two
kilometres   4 one metre eighty or one metre eighty-five   5 fifteen litres   6 a
hundred kilometres an hour   7 eighteen degrees   8 ninety kilos/kilograms, a kilo

**Ejercicio 106:** 1 used to be   2 used to live   3 used to meet   4 used to believe
5 used to look

**Ejercicio 107:** 1 wasn't studying, was playing   2 Were you driving   3 we were
waiting   4 was trying   5 were living   6 was working   7 Were they arguing
8 wasn't thinking   9 Were you expecting

**Ejercicio 108:** 1 No me das pena. Es tu propia culpa.   2 Los romanos se
suicidaban.   3 Debes defenderte tu solo.   4 Lo han hecho éllos mismos.   5 El
mató a su propio hermano.   6 Ella va a llegar tarde a su propio funeral.

**Ejercicio 109:** 1 Tendrás que volverte por donde has venido.   2 Vaya a la ciudad,
alguien le indicará desde allí.   3 Coja la primera a la izquierda y después es todo
derecho.   4 Debe ir a la derecha, por la plaza.   5 En Inglaterra se conduce por la
izquierda.   6 ¿Puede indicarme al aeropuerto por favor?.   7 Hay una estación de
servicio a veinte kilómetros al norte de aquí.

**Ejercicio 110:** 1 (d)   2 (c)   3 (e)   4 (f)   5 (a)   6 (b)

**Ejercicio 111:** 1 hotter, hottest   2 highest   3 most   4 prettiest   5 most amusing
6 easiest   7 worst   8 reddest   9 least

**Ejercicio 112:** 1 was   2 nothing   3 who   4 was   5 himself   6 as   7 ago   8 than
9 Could   10 Like

## LECCION 8

**Ejercicio 113:** 1 Debo ir al banco antes de que cierren.   2 Nunca gusta una
canción hasta que la has oido cinco o seis veces.   3 Después de jugar al tenis
durante una hora, él estaba agotado.   4 Siempre suena el teléfono cuando estás en
el baño.   5 ¿Quieres ir al aseo antes de salir?.   6 Quiero estar allí una hora antes de
que salga el avión.   7 Cuando él quiere ser amable puede ser muy, muy amable.
8 Todo iba muy bien hasta que tu llegaste.   9 Cuando termine en la universidad voy
a viajar.   10 Dime cuando está listo.

**Ejercicio 114:** 1 tiring   2 amusing   3 excited   4 boring   5 amused   6 tired

**Ejercicio 115:** 1 ¿Qué usas para dormir? a bed.   2 ¿Dónde te lavas? in the bath.
3 ¿Por dónde miras? a window.   4 ¿Dónde te sientas? on a chair.   5 ¿Dondé pones
la cena? on a table.

**Ejercicio 116:** 1 had stopped   2 had given   3 Had you been   4 hadn't paid
5 had done   6 had gone

**Ejercicio 117:** 1 ¿Con qué oyes? the ears.   2 ¿Con qué comes? the mouth.
3 ¿Con qué ves? the eyes.   4 ¿Qué tienes encima de la boca? the nose.   5 ¿Qué hay
(normalmente) encima de los ojos? pelo.

**Ejercicio 118:** 1 aren't they?   2 isn't he?   3 can't you?   4 can he?   5 doesn't
she?   6 didn't they?

**Ejercicio 119:** 1 While   2 during   3 during   4 while   5 during   6 during

**Ejercicio 120:** 1 ¿Dónde guardas el coche? in the garage.   2 ¿Dónde vas a comer? in the dining room.   3 ¿Dónde ves la televisión? in the living room.   4 ¿Dónde duermes? in the bedroom.   5 ¿Dónde te lavas? in the bathroom.   6 ¿Dónde haces café? in the kitchen.

**Ejercicio 121:** 1 Se cree que es un experto.   2 El dice a todo el mundo que su padre es millonario.   3 Todo el mundo sabe que no es cierto.   4 Una vez dijo que sabía hablar ruso.   5 Decidimos que compraríamos un periódico ruso.   6 El dijo que no podía leerlo.   7 El dijo que estaba escrito en un dialecto especial.

**Ejercicio 122:** 1 you're ready   2 how much it was   3 what he did   4 where the toilet is?   5 what that means   6 if I was coming   7 if I enjoyed it   8 if we can park here   9 what the matter is   10 when the train leaves

**Ejercicio 123:** 1 to stay   2 not to get up   3 to tell   4 to take, not to tire   5 not to be

**Ejercicio 124:** 1 were   2 went   3 asked   4 to   5 how   6 till   7 which   8 before 9 from

**Ejercicio 125:** 1 do   2 do   3 make   4 made   5 made   6 did   7 make   8 do

**Ejercicio 126:** 1 said   2 Tell   3 tells   4 says   5 tell   6 say   7 told   8 told   9 said

**Ejercicio 127:** 1 I was right.   2 You'll be cold.   3 It's warm.   4 She was thirsty.
5 He's not wrong.   6 Are you hungry?

**Ejercicio 128:** 1 Did you?   2 Doesn't he?   3 Are you?   4 Is he?   5 Has he?
6 Does she?   7 Would you?   8 Were they?

LECCION 9

**Ejercicio 129:** 1 Puedes hacerlo si lo intentas.   2 Vendré mañana, si así lo quieres.   3 Si quieres, conduciré yo.   4 Cortarán la electricidad si no pagas el recibo.   5 Yo conduciré, a menos que prefieras hacerlo tu.   6 Si ayer fué lunes, hoy debe ser martes.

**Ejercicio 130:** 1 have just explained/just explained   2 have just made/just made
3 Have you just telephoned/Did you just telephone   4 has just been paid/was just paid   5 has just told/just told

**Ejercicio 131:** 1 Estaré listo en dos minutos. Solo me estoy peinando.   2 Se escapó de que le mataran.   3 Es una de esas cosas.   4 Me estaba sentando a comer, cuando sonó el teléfono.   5 Estuvo aquí esta mañana misma.   6 Es hora de cerrar. Todo el mundo se marcha.

**Ejercicio 132:** 1 probably   2 automatically   3 happily   4 well   5 gently
6 Economically

**Ejercicio 133:** 1 worse   2 harder   3 more often   4 as soon as   5 more emphatically   6 later

**Ejercicio 134:** 1 (the) latest   2 worst   3 fastest, earliest   4 most probably   5 (the) best   6 most politely   7 most recently

**Ejercicio 135:** 1 were/was, would buy   2 wouldn't believe, told   3 Would you like, did   4 weren't/wasn't, would be   5 would buy, had   6 would come, didn't cost

**Ejercicio 136:** 1 would have been, hadn't stopped   2 would you have done, had said   3 had acted, wouldn't have happened   4 wouldn't have enjoyed, had paid 5 had asked, would have helped   6 wouldn't have believed, had seen

**Ejercicio 137:** 1 ¿Qué haces con los ojos? see. 2 ¿Qué haces con los oidos? hear. 3 ¿Qué haces con la nariz? smell. 4 ¿Qué haces antes un programa de televisión? look at it. 5 ¿Qué haces con la radio? listen to it. 6 ¿Qué haces con el café? taste it.

**Ejercicio 138:** 1 Have you been waiting 2 has been looking 3 have you been doing 4 haven't been feeling 5 hasn't been eating 6 have been expecting 7 has been losing

**Ejercicio 139:** 1 ¿Necesitas ayuda?. 2 ¿Puedes prestarme diez dólares?. 3 ¿Puedo usar tu teléfono?. 4 Alquien podría verte. 5 Debe ser la hora de comer. 6 El debería trabajar más duro. 7 ¿Bailamos?. 8 El no debería fumar tanto. 9 Nos veremos de nuevo. 10 A él no le gustaría estar en mi posición.

**Ejercicio 140:** 1 Donde vives, ¿qué tal tiempo hace en enero? it's windy and rainy. 2 ¿Qué tal hace en julio? it's sunny. 3 ¿Es igual en noviembre? no, it's rainy and foggy. 4 ¿Cuándo hace viento? in March. 5 ¿Llueve suficiente? yes. 6 ¿Te gusta la nieve? yes/no.

**Ejercicio 141:** 1 were 2 had visited 3 had had 4 were/was 5 had been 6 ruled 7 paid 8 didn't know 9 knew

**Ejercicio 142:** 1 El no es muy inteligente, pero al menos se esfuerza. 2 Te veré el martes a más tardar. 3 Al principio no le comprendía. 4 Te costará al menos cien dólares. 5 El no tiene más de dieciocho, como mucho. 6 Como mínimo, vendrás frio y cansado. 7 Por fin es día de pago. 8 No puedo hacerlo hasta el martes, por lo menos.

LECCION 10

**Ejercicio 143:** 1 because 2 Because of 3 because 4 so 5 Because 6 so 7 so 8 because of

**Ejercicio 144:** 1 Entra a visitarnos cuando pases. 2 Te encontraré donde sea que estés. 3 Hagas lo que hagas, no toques eso. 4 Quien dijo eso estaba equivocado. 5 Coge el que prefieras. 6 Cómpralo, cueste lo que cueste.

**Ejercicio 145:** 1 down, up 2 along (/up/down) 3 towards 4 past 5 forward 6 in 7 into 8 back

**Ejercicio 146:** 1 Debería estar trabajando ahora. 2 Debes estar bromeando. 3 Quizás se esten divirtiendo. 4 Estaría mintiendo se dijera que si. 5 No puede estar hablándonos. 6 Con un poco de suerte quizás vaya al Japón. 7 El tren llegará en cualquier momento. 8 Te veré el próximo año. 9 Te puedes estar arriesgando. 10 No voy a estar mucho.

**Ejercicio 147:** 1 at 2 after 3 up 4 out 5 forward to 6 for

**Ejercicio 148:** 1 Es mejor que paremos aquí antes de que sea demasiado tarde. 2 Los criminales, mejor que tengan cuidado. 3 ¿No sería mejor que te arreglaras?. 4 Es mejor que me lo digas. 5 Mejor reservo una habitación.

**Ejercicio 149:** 1 So will I. 2 So did I. 3 Neither can I. 4 So am I. 5 So do I. 6 Neither should I. 7 So was I. 8 Neither have I. 9 So did I. 10 So must I.

**Ejercicio 150:** 1 ¿Qué se utiliza para cortar? a knife. 2 ¿Qué hay en la mesa para la cena? plates, forks, knives, glasses. 3 ¿Con qué comes helado? a spoon. 4 ¿Qué pides antes de comer? the menu. 5 ¿Qué pides depués de comer? the bill/the check. 6 ¿Dónde tomas café? a cup. 7 ¿Dónde bebes vino? a glass.

**Ejercicio 151:** 1 There were only two people there. 2 It's only four dollars.
3 Only you could do that. 4 It's only natural. 5 You only have to ask. 6 I only
arrived yesterday.

**Ejercicio 152:** 1 to go  2 selling  3 going  4 to do  5 to be  6 leave/leaving
7 to hurry up  8 to think  9 work  10 to help  11 going/go  12 drive

**Ejercicio 153:** 1 must be prepared  2 can't be repaired  3 may be changed  4 will
be made  5 should be marked  6 ought to be arrested  7 couldn't be expected

**Ejercicio 154:** 1 ice  2 night  3 snow  4 houses  5 a tomato

**Ejercicio 155:** 1 a little  2 a few  3 little  4 little  5 Few  6 a little  7 few  8 a
few

**Ejercicio 156:** 1 took up  2 take off  3 take back  4 took out  5 taken away
6 taken off  7 take back

**Ejercicio 157:** 1 She was often ill. 2 I usually go by car. 3 I have never been
skiing. 4 Always look before crossing the road. 5 They can seldom be seen in the
city.

**Ejercicio 158:** 1 Ella le hizo hablar durante dos horas. 2 Mantente a la izquierda.
3 Le cuesta mucho mantener un trabajo durante mucho tiempo. 4 Siempre me
olvido de su nombre. 5 Si sigue haciendo eso, tendrá problemas.

## LECCION 11

**Ejercicio 159:** 1 safe for them to cross  2 impossible to be  3 pleased to meet
4 difficult for him to contact  5 simpler for me to pay

**Ejercicio 160:** 1 and  2 or  3 and  4 or, but  5 also  6 too

**Ejercicio 161:** 1 up  2 for  3 up  4 up for  5 out  6 up

**Ejercicio 162:** 1 again  2 still  3 again  4 still  5 still  6 yet  7 again  8 yet

**Ejercicio 163:** 1 too soon to say  2 too old to learn  3 too far for you to walk
4 too heavy for me to carry  5 too late for you to change  6 too hot to touch
7 too young to understand

**Ejercicio 164:** 1 either, or  2 either  3 neither  4 neither, nor  5 either  6 Either,
or  7 either

**Ejercicio 165:** 1 It's been such a long time (that) I've forgotten. 2 The traffic was
so bad (that) they missed the train. 3 I am so hungry (that) I could eat a horse.
4 It's such nice weather (that) we should go out. 5 It happened so fast (that) I
couldn't do anything. 6 He was so shocked (that) he dropped his glass. 7 He got
such a shock (that) he dropped his glass.

**Ejercicio 166:** 1 matter  2 mind  3 matter  4 minded  5 mind

**Ejercicio 167:** 1 had been living  2 had been expecting  3 Had you been
waiting  4 hadn't been listening

**Ejercicio 168:** 1 are you be sleeping, have, are visiting  2 are having, don't like, see,
look, know, are getting, doesn't seem, am beginning  3 is watching, don't
understand, are showing, hates

**Ejercicio 169:** 1 by  2 till  3 by  4 till  5 by  6 by

**Ejercicio 170:** 1 I don't mind at all. 2 The police did nothing at all about it. 3 It
wasn't pleasant at all. 4 Nobody was interested at all. 5 In no time at all the place
was empty. 6 I've got no money at all till pay-day.

**Ejercicio 171:** 1 Anyway   2 Otherwise   3 Still   4 Anyway/Other   5 Still

**Ejercicio 172:** 1 without   2 opposite   3 between   4 against   5 against   6 beyond

**Ejercicio 173:** 1 had been told   2 hadn't been invited   3 had been murdered
4 had the lights been left   5 had been repaired

**Ejercicio 174:** 1 He hasn't.   2 He isn't.   3 There won't.   4 She doesn't.   5 She
can't.   6 It hadn't.   7 He wasn't.   8 He didn't.

## LECCION 12

**Ejercicio 175:** 1 She bought her a drink to meet her new boyfriend.   2 You go to
school to learn something.   3 He didn't do it to cause trouble.   4 I'm saving to buy
a car.

**Ejercicio 176:** 1 Tráelo aquí, para que todos podamos reirnos.   2 Lo cambié para
que el jefe no se diera cuenta.   3 Por si tienes duda, es mi sobrina.   4 Abre una
ventana para que no nos sofoquemos.   5 La tele está puesta para que pueda ver las
noticias.   6 El ejército está alerta en caso de emergencia.

**Ejercicio 177:** 1 it   2 to   3 to, to   4 so   5 it   6 so

**Ejercicio 178:** 1 Puede haber sido Brasil quien ha ganado la Copa Mundial ese
año.   2 España podía haber ganado la Copa Mundial ese año.   3 Su coche no está
ahí. Se ha tenido que ir.   4 Habrán terminado de cenar hacia las ocho.   5 Fué
magnífico, deberías haberlo visto.   6 Podría haberme dicho su nombre / Quizás me
dijo su nombre.   7 No puedes haberte bebido todo eso.   8 Debería haberle dicho a
sus padres.   9 No lo hubiera disfrutado en absoluto.

**Ejercicio 179:** 1 Parece como si tuviera problemas.   2 Ella me ha pedido que la
ayude; como si yo tuviera tiempo.   3 Hablas como si supieras algo acerca de ello.
4 Parecía como si fuera a llover.   5 El gasta el dinero como si no hubiera un
mañana.

**Ejercicio 180:** 1 Dear   2 you   3 from   4 to   5 able   6 you   7 Love

**Ejercicio 181:** 1 Hello, Mr Smith./Hello, George. Pleased to meet you.   2 Excuse
me!   3 Goodbye.   4 Waiter!   5 This is Sarah Bell.   6 Officer!   7 G'd evening.

**Ejercicio 182:** 1 Congratulations.   2 Happy Christmas.   3 I'm afraid he isn't
here.   4 Good appetite.   5 Cheers.   6 I'm sorry to hear that.

**Ejercicio 183:** 1 ¿Cómo se atreve a decirlo?.   2 El coche necesita un nuevo
motor.   3 No había peligro. No necesitabas preocuparte.   4 Me atrevo a decir que
él sabe lo que está haciendo.   5 ¿Necesitas hacer ese ruido tan horrible?.   6 Todo lo
que necesita es una buena noche de descanso.   7 No necesitas explicarlo; él sabe
cómo hacerlo.

**Ejercicio 184:** 1 some   2 one   3 any   4 one   5 some

**Ejercicio 185:** 1 He can still ski, although (/though/even though) he's not as good
as he used to be.   2 Although he was a rich man then, he didn't forget his friends.
3 I'll try to help, although I don't know much about it.   4 She was really quite
badly hurt, although it was only a small accident.   5 However hard I try, I can't
understand it.   6 It still works well, however old it may be.

# Indice y glosario